Applied Marketing Science / Angewandte Marketingforschung

Reihe herausgegeben von

The book series “Applied Marketing Science / Angewandte Marketingforschung” is designated to the transfer of top-end scientific knowledge to interested practitioners. Books from this series are focused – but not limited – to the field of Marketing Channels, Retailing, Network Relationships, Sales Management, Brand Management, Consumer Marketing and Relationship Marketing / Management. The industrial focus lies primarily on the service industry, consumer goods industry and the textile / apparel industry. The issues in this series are either edited books or monographs. Books are either in German or English language; other languages are possible upon request.
Book volumes published in the series “Applied Marketing Science / Angewandte Marketingforschung” will primarily be aimed at interested managers, academics and students of marketing. The works will not be written especially for teaching purposes. However, individual volumes may serve as material for marketing courses, upper-level MBA- or Ph.D.-courses in particular.

Kira Louisa Küpper

Negative und positive Effekte von Absagen in Online-Produkttester-Programmen

Springer Gabler

Kira Louisa Küpper
Bergische Universität Wuppertal
Velbert, Deutschland

Diese Dissertationsschrift wurde an der Fakultät für Wirtschaftswissenschaft – Schumpeter School of Business and Economics – der Bergischen Universität Wuppertal angenommen.

ISSN 2627-1982 ISSN 2627-2008 (electronic)
Applied Marketing Science / Angewandte Marketingforschung
ISBN 978-3-658-45382-4 ISBN 978-3-658-45383-1 (eBook)
https://doi.org/10.1007/978-3-658-45383-1

Die Deutsche Nationalbibliothek verzeichnet diese Publikation in der Deutschen Nationalbibliografie; detaillierte bibliografische Daten sind im Internet über https://portal.dnb.de abrufbar.

Planung/Lektorat: Karina Kowatsch
Springer Gabler ist ein Imprint der eingetragenen Gesellschaft Springer Fachmedien Wiesbaden GmbH und ist ein Teil von Springer Nature.
Die Anschrift der Gesellschaft ist: Abraham-Lincoln-Str. 46, 65189 Wiesbaden, Germany

Geleitwort

Online-Produkttester-Programme sind ein zunehmend beliebtes Marketinginstrument, weil sie als eine effektive Methode zur Sammlung von Kundenfeedback und zur Generierung von Online-Kundenbewertungen gelten. Im Rahmen dieser Programme werden Kunden gebeten, Produkte zu testen, und anschließend zu bewerten. Im Gegenzug dürfen sie das Testprodukt behalten. Da die Möglichkeit kostenfrei Produkte zu erhalten, für viele Kund*innen ein attraktives Angebot darstellt, übersteigt die Anzahl der Bewerbungen häufig die zur Verfügung stehenden Testprodukte. Als Konsequenz kommt es dann zu Absagen an die Bewerber*innen.

Bisher weiß man weniger darüber, welche Auswirkungen diese Absagen auf die abgelehnten Bewerber*innen und damit auch für die Unternehmen haben können. Die vorliegende Dissertation untersucht diese Fragestellung und analysiert die Wirkung von Absagen im Rahmen von Online-Produkttester-Programmen auf das Verhalten von abgelehnten Bewerbern. Frau Dr. Küpper leitet Hypothesen zu den positiven und negativen Auswirkungen der Absage auf die Kaufabsicht und die Absicht zur negativen Mundpropaganda ab. Darüber hinaus widmet sie sich den zugrunde liegenden psychologischen Mechanismen dieser Effekte und prüft ihre Hypothesen empirisch. Die Dissertation von Frau Dr. Küpper verwendet sowohl qualitative als auch quantitative Methoden und stützt sich auf umfangreiche experimentelle und nicht-experimentelle Daten. Mit ihrer Arbeit beantwortet sie die folgenden Forschungsfragen:

1. Welche psychologischen Theorien können das Verhalten von abgelehnten Bewerbern in Online-Produkttester-Programmen erklären?

2. Wie beeinflusst die Absage im Rahmen eines Online-Produkttester-Programms das Kaufverhalten und die Bereitschaft zur Weiterempfehlung der abgelehnten Bewerber?
3. Spielen der Produktpreis und die Anzahl der Absagen eine Rolle im Verhalten der abgelehnten Bewerber?
4. Über welche psychologischen Mechanismen lässt sich das Verhalten der abgelehnten Bewerber erklären?
5. Welche Implikationen ergeben sich aus den Ergebnissen der Studien?

Die Arbeit von Frau Dr. Küpper liefert wichtige Erkenntnisse für das Management von Online-Produkttester-Programmen. Obwohl Absagen im Rahmen von Produkttests die Kaufabsicht steigern können, existieren auch negative Folgen wie die Verbreitung negativer Mundpropaganda. Die Ergebnisse der vorliegenden Dissertation sind daher von Bedeutung für die Marketingforschung und -praxis. Es lohnt sich daher, sie zu lesen und sich mit ihr auseinanderzusetzen.

Prof. Dr. Ina Garnefeld

Vorwort

Diese Dissertation entstand während meiner Tätigkeit als wissenschaftliche Mitarbeiterin am Lehrstuhl für Betriebswirtschaftslehre, insbesondere Dienstleistungsmanagement, der Schumpeter School of Business and Economics an der Bergischen Universität Wuppertal. Zahlreiche Personen haben maßgeblich zum erfolgreichen Abschluss meiner Promotion beigetragen, denen ich hiermit meinen Dank aussprechen möchte.

Mein besonderer Dank gilt meiner Doktormutter Prof. Dr. Ina Garnefeld, welche mir die Möglichkeit der Promotion an ihrem Lehrstuhl gegeben hat. Während meiner gesamten Zeit am Lehrstuhl habe ich mich fachlich und persönlich weiterentwickelt und ihre fortwährende Unterstützung hat diese Dissertation erst ermöglicht. Sie räumte mir stets die Möglichkeiten ein an internationalen Konferenzen und Kolloquien teilzunehmen und die Arbeit so stets weiter voranzutreiben.

Ein weiterer Dank geht an meinen Zweitgutachter Prof. Dr. Tobias Langner, dessen wertvolle Anmerkungen in zahlreichen Doktorandenkolloquien einen bedeutenden Beitrag geleistet haben.

Zudem möchte ich mich auch bei Frau Prof. Dr. Christine Volkmann, bei Herrn Prof. Dr. Stephan Zielke und bei Herrn Prof. Dr. Peter Witt für Ihr Mitwirken im Rahmen meiner Prüfungskommission bedanken.

Eine besondere Zeit hatte ich während meiner Promotion in Rostock. Ich danke Prof. Dr. Lena Steinhoff herzlich für die Einladung und den mehrwöchigen Forschungsaufenthalt. In dieser Zeit habe ich mich insbesondere methodisch weiterentwickeln können und wertvolle Impulse für die Dissertation erhalten.

Ich danke ebenso den Teilnehmern der zahlreichen Dissertantenwerkstätten, Doktorandenseminaren und Konferenzen. Das Präsentieren der Arbeit vor Fachpublikum hat immer zu interessanten Diskussionen und Verbesserungen geführt.

Meine Zeit am Lehrstuhl wurde maßgeblich von meinen großartigen Kolleginnen geprägt. Ich danke Lisa Hanf, Dr. Katharina Kessing, Dr. Tabea Tesch und Dr. Ann-Kathrin Grötschel für eine angenehme Arbeitsatmosphäre und ein stets offenes Ohr bei Fragen und Problemen.

Mein ganz besonderer Dank hingegen gilt meiner Familie und meinen Freunden. Meine Eltern Monika und Markus, mein Bruder Leon, meine Schwägerin Janina Louisa und mein Ehemann Moritz haben mich stets in jeder Phase unterstützt und durch ihr Vertrauen in mich und meine Arbeit zu diesem Erfolg beigetragen. Bei ihnen konnte ich mir stets die Motivation holen, die ich gerade brauchte. Meine Freunde, insbesondere Laura, Nils, Anja und Raphaël, haben mich auf dem ganzen Weg begleitet und boten mir zu jeder Zeit einen starken Rückhalt.

Ihnen ist diese Arbeit gewidmet.

Dr. Kira Louisa Küpper

Gendererklärung

Bei allen Bezeichnungen, die in dieser Dissertation auf Personen bezogen sind, steht die gewählte Formulierung gleichermaßen für alle Geschlechter. Aus Gründen der besseren Lesbarkeit werden die Sprachformen männlich, weiblich und divers (m/w/d) nicht gleichzeitig, sondern die des generischen Maskulinums verwendet. Weibliche und anderweitige Geschlechteridentitäten werden dabei ausdrücklich mitgemeint, soweit es für die Aussage erforderlich ist.

Inhaltsverzeichnis

1 Einleitung 1
1.1 Relevanz des Themas für die Marketingforschung und -praxis 1
1.2 Zielsetzung und Forschungsfragen 4
1.3 Gang der Untersuchung 5

2 Konzeptionelle Grundlagen 9
2.1 Online-Produkttester-Programme 9
2.1.1 Begriffsbestimmung 9
2.1.2 Abgrenzung zu verwandten Konzepten 13
2.1.3 Stand der Forschung 16
2.1.3.1 Wirkungsweisen von Product Sampling 16
2.1.3.2 Gestaltungsmerkmale einer Product-Sampling-Kampagne 20
2.1.3.3 Wirkungsweisen von Online-Produkttests 22
2.2 Absagen 26
2.2.1 Begriffsbestimmung 27
2.2.2 Stand der Forschung 27
2.2.2.1 Wirkungsweisen von Absagen 28
2.2.2.2 Einflussfaktoren auf die Wirkung von Absagen 36
2.3 Zusammenfassende Bewertung der konzeptionellen Grundlagen 43

3 Entwicklung des Untersuchungsmodells 45
3.1 Explorative qualitative Befragung 45
3.1.1 Studienziel 46
3.1.2 Begründung der Untersuchungsform 46
3.1.3 Durchführung 47
3.1.4 Auswahl und Zusammensetzung der Stichprobe 50
3.1.5 Ergebnisanalyse 50
3.1.5.1 Auswertungsmethode 50
3.1.5.2 Ergebnisse 52
3.2 Theoretische Grundlagen 57
3.2.1 Attributionstheorie 57
3.2.2 Commitment-Consistency-Prinzip 62
3.3 Ableitung der Hypothesen 64
3.3.1 Negative Effekte einer Absage 65
3.3.2 Positive Effekte einer Absage 68
3.3.3 Moderierender Effekt des Preises des Testprodukts 70
3.3.4 Effekt der Anzahl an Absagen 72
3.3.5 Zusammenfassung der Hypothesen und Überblick über das Untersuchungsmodell 74

4 Empirische Untersuchung 77
4.1 Übersicht über die Studien 77
4.2 Begründung der Untersuchungsformen 78
4.3 Studie 1 – Konsequenzen von Absagen und die Rolle des Produktpreises 79
4.3.1 Studienziel 80
4.3.2 Studiendesign 80
4.3.3 Durchführung 81
4.3.4 Rekrutierung und Zusammensetzung der Stichprobe 82
4.3.5 Operationalisierung der Variablen 82
4.3.6 Ergebnisse 85
4.3.6.1 Manipulations- und Realitätscheck 85
4.3.6.2 Konstruktmessung 86
4.3.6.3 Hypothesenüberprüfung 88
4.4 Studie 2 – Konsequenzen von Absagen und die Rolle der Anzahl an Absagen 92
4.4.1 Studienziel 92
4.4.2 Studiendesign 92
4.4.3 Durchführung 93

4.4.4 Rekrutierung und Zusammensetzung der Stichprobe 94
4.4.5 Operationalisierung der Variablen 94
4.4.6 Ergebnisse 96
4.4.6.1 Manipulations- und Realitätscheck 96
4.4.6.2 Konstruktmessung 97
4.4.6.3 Hypothesenüberprüfung 97
4.5 Studie 3 – Analyse der Konsequenzen von Absagen mittels Feldstudie 102
4.5.1 Studienziel 102
4.5.2 Studiendesign 103
4.5.3 Durchführung 104
4.5.4 Rekrutierung und Zusammensetzung der Stichprobe 108
4.5.5 Operationalisierung der Variablen 110
4.5.6 Ergebnisse 111
4.5.6.1 Konstruktmessung 111
4.5.6.2 Propensity Score Matching 112
4.5.6.3 Difference-in-Differences-Schätzung 119
4.5.6.4 Hypothesenüberprüfung 119
4.5.6.5 Post-hoc-Analyse 123

5 Schlussbetrachtung 129
5.1 Zusammenfassung der Ergebnisse 129
5.2 Implikationen für die Marketingforschung und -praxis 132
5.2.1 Implikationen für die Marketingforschung 132
5.2.2 Implikationen für die Marketingpraxis 134
5.3 Limitationen und weiterführender Forschungsbedarf 136

Literaturverzeichnis 139

Abbildungsverzeichnis

Abbildung 1.1	Aufbau der Arbeit	7
Abbildung 2.1	Ablauf eines Produkttests	10
Abbildung 2.2	Auswirkungen von Absagen in der Sozialpsychologie	29
Abbildung 2.3	Auswirkungen von Absagen im Personalmanagement	31
Abbildung 2.4	Auswirkungen von Absagen im Marketing	34
Abbildung 2.5	Mögliche Einflussfaktoren auf die Wahrnehmung von Absagen in der Sozialpsychologie	37
Abbildung 2.6	Mögliche Einflussfaktoren auf die Wahrnehmung von Absagen im Personalmanagement	39
Abbildung 2.7	Mögliche Einflussfaktoren auf die Wahrnehmung von Absagen im Marketing	41
Abbildung 3.1	Analysevorgehen der explorativen qualitativen Studie	51
Abbildung 3.2	Attributionsprozess	60
Abbildung 3.3	Attributionsprozess nach einer Absage	66
Abbildung 3.4	Zusammenfassung der postulierten Zusammenhänge	75
Abbildung 4.1	Experimentaldesign Szenarioexperiment 1	81
Abbildung 4.2	Szenariobeschreibung Szenarioexperiment 1	83
Abbildung 4.3	Ergebnisse PROCESS-Model 4 Szenarioexperiment 1	89

Abbildung 4.4 Ergebnisse PROCESS-Model 7 Szenarioexperiment 1 ... 90
Abbildung 4.5 Studiendesign Szenarioexperiment 2 ... 93
Abbildung 4.6 Ergebnisse PROCESS-Model 4 Szenarioexperiment 2 ... 99
Abbildung 4.7 Ergebnisse PROCESS-Model 4 Szenarioexperiment 2 mit Dummifizierung ... 100
Abbildung 4.8 Studiendesign der Feldstudie ... 103
Abbildung 4.9 Ablauf der Feldstudie ... 105
Abbildung 4.10 Erstellung des persönlichen Codes ... 106
Abbildung 4.11 Verteilung der Teilnehmer ... 109
Abbildung 4.12 Identifizierte Matchingvariablen der Feldstudie ... 116
Abbildung 4.13 Entwicklung des Commitment bei abgelehnten Bewerbern und Nicht-Bewerbern ... 122
Abbildung 4.14 Verteilung der Teilnehmer Post-hoc-Analyse ... 124

Tabellenverzeichnis

Tabelle 2.1	Unterschiede zwischen Online-Produkttests und Product Sampling	13
Tabelle 2.2	Wirkungen von Warenproben	17
Tabelle 2.3	Literaturübersicht Online Produkttests	23
Tabelle 3.1	Kausalmodell nach Weiner (1979; 1985; 1986)	58
Tabelle 3.2	Mögliche Konsequenzen von konsistentem Verhalten	63
Tabelle 4.1	Operationalisierung Szenarioexperiment 1	85
Tabelle 4.2	Überprüfung der Konstruktmessung Szenarioexperiment 1	88
Tabelle 4.3	Operationalisierung Szenarioexperiment 2	95
Tabelle 4.4	Überprüfung der Konstruktmessung Szenarioexperiment 2	98
Tabelle 4.5	Operationalisierung Feldstudie	111
Tabelle 4.6	Überprüfung der Konstruktmessung Feldstudie	113
Tabelle 4.7	Determinanten der Bewerbung Pre- und Post-Treatment-Survey	118
Tabelle 4.8	Mittelwerte vor und nach dem Matching	120
Tabelle 4.9	Determinanten der Bewerbung Pre-Treatment-Survey	126
Tabelle 4.10	Mittelwerte vor und nach dem Matching Post-hoc-Analyse	127

1 Einleitung

Zu Beginn (**Abschnitt 1.1**) wird die Relevanz des Themas für die Marketingforschung und -praxis aufgezeigt. Die Zielsetzung der Arbeit und die draus resultierenden Forschungsfragen werden daraufhin (**Abschnitt 1.2**) vorgestellt, bevor abschließend (**Abschnitt 1.3**) der Gang der Untersuchung erläutert wird.

1.1 Relevanz des Themas für die Marketingforschung und -praxis

Online-Produkttester-Programme – definiert als Marketinginstrument, bei dem sich Konsumenten bewerben, um ein Produkt kostenfrei oder zu einem vergünstigten Preis zu erhalten – haben sich in den vergangenen Jahren zu einem wichtigen Marketinginstrument entwickelt. Deren Ziel ist es, Feedback in Form eines Feedbackbogens oder eines Online-Reviews vom Konsumenten zu erhalten. Die Produkttester verpflichten sich, das Produkt zu testen und nach Abschluss der Testphase Feedback in Form eines Fragebogens oder eines Online-Reviews zum Produkt abzugeben. Häufig werden Produkttests für neu entwickelte und noch unveröffentlichte oder vor kurzem auf dem Markt veröffentlichte Produkte eingesetzt (Han/Zhang 2018, S. 139; Hu/Pei/Xie 2014, S. 9). Bei den angebotenen Produkten kann es sich sowohl um physische als auch digitale (Han/Zhang 2018, S. 139; Nejad et al. 2015, S. 83) und sowohl hoch- als auch niedrigpreisige Testprodukte (Garnefeld et al. 2021, S. 708) handeln. Produkttests steigern positives Word-of-Mouth-Verhalten (WOM) (Chae et al. 2017, S. 89) und regen Produkttester dazu an, mehr Aufwand in das Verfassen ihrer Online-Reviews zu investieren (Garnefeld et al. 2021, S. 715 f.). Darüber hinaus werben Marketingagenturen damit, dass 63 % der Tester das Testprodukt im Anschluss an

K. L. Küpper, *Negative und positive Effekte von Absagen in Online-Produkttester-Programmen*, Applied Marketing Science / Angewandte Marketingforschung, https://doi.org/10.1007/978-3-658-45383-1_1

den Produkttest gekauft haben, 97 % der Tester ein oder mehr Produkte des Unternehmens gekauft haben und 50 % der Tester dem Unternehmen auf den sozialen Netzwerken folgen (Staples-Otis 2022). Das Feedback in Form einer Zusammenstellung der Bewertungsbögen oder der Online-Reviews wird oftmals entweder vom Tester selbst oder vom Unternehmen veröffentlicht. Somit wird die Bekanntheit eines Produkts, einer Marke und des Unternehmens gesteigert (Yao et al. 2017, S. 599).

Ein Online-Produkttester-Programm läuft standardmäßig wie folgt ab: Zunächst bietet ein Unternehmen online auf der eigenen Webseite, in seiner Online-Community oder seinen sozialen Medien einen Produkttest an. Anbieter solcher Produkttests können die Hersteller selbst (z. B. Henkel, Phillips, Adidas und Ehrmann), aber auch Händler (z. B. dm-drogerie markt, REWE und MediaMarkt) sein. Einige Hersteller beauftragen auch Marketingagenturen (z. B. Konsumgöttinnen, Toluna und trnd) mit der Durchführung ihrer Produkttests. Im nächsten Schritt bewerben sich interessierte Konsumenten für den Produkttest. Das Unternehmen wählt die Produkttester aus und sendet den übrigen Bewerbern eine Absage. Die Produkttester bekommen das Testprodukt nach Hause geschickt und testen es in einem vorgegebenen Zeitraum. Im Anschluss an die Testphase füllen sie einen Bewertungsbogen aus und/oder schreiben ein Online-Review zum Testprodukt (Garnefeld et al. 2017, S. 704; Lu et al. 2018, S. 77–86).

In der Praxis bieten die Unternehmen in der Regel nur eine begrenzte Anzahl kostenloser Testprodukte an, sodass nicht jeder Bewerber als Produkttester ausgewählt werden kann. Stattdessen erhält eine typischerweise große Anzahl von Bewerbern eine Absage vom Unternehmen. Das bedeutet, sie werden nicht als Produkttester ausgewählt und erhalten somit das kostenlose Produkt nicht. Yao et al. (2017, S. 599 f.) fanden bspw. heraus, dass in einer Stichprobe von 122 Produkttests, die über ein großes E-Commerce-Unternehmen in China durchgeführt wurden, bei durchschnittlich 1 670 Bewerbern nur 29 Testprodukte zur Verfügung standen. Dies impliziert lediglich eine Annahmequote von 1,7 % (Yao et al. 2017, S. 599 f.). Auch Lu et al. (2017, S. 80) stellten fest, dass von 122 000 Bewerbern nur etwa 3 % im betrachteten Zeitraum von einem Jahr als Produkttester ausgewählt wurden. Bei Betrachtung der Produkttests auf der Webseite der dm-drogerie markt GmbH & Co. KG fällt auf, dass durchschnittlich nur 300 Personen die Produkte bewerten (dm-drogerie markt 2023). Bei einer angemeldeten Mitgliederzahl von über 736 000 in ihrer Produkttester-Community, ist davon auszugehen, dass wenn sich lediglich 1 % der angemeldeten Mitglieder auf durchschnittlich 300 Testprodukte bewerben, noch über 7 000 Bewerber eine Absage erhalten.

Grundsätzlich stellt eine Absage eine ablehnende Nachricht dar, die Personen erhalten können, nachdem sie Interesse an etwas Geplantem begründet haben.

Diese Form der Ablehnung kann sowohl von einer anderen Person als auch von einem Unternehmen ausgehen. Ursprünglich basiert eine Absage auf der sozialen Ablehnung, die ein Mensch in seinem Leben des Öfteren erlebt. Der Mensch als soziale Spezies sieht sich in seinem Dasein bedroht, wenn er von einem anderen Individuum ignoriert, ausgegrenzt oder verstoßen wird (Leary 2001 S. 3 f.). Studien in der Sozialpsychologie haben belegt, dass diese Ablehnung für die Person zu physischem und psychischem Schmerz führen kann (Eisenberger/Lieberman/Williams 2003, S. 292). Im Kontakt mit einem Unternehmen kann eine solche Absage u. a. als Antwort auf eine Jobbewerbung verschickt werden. Studien im Kontext des Personalmanagements belegen die erwarteten negativen Konsequenzen für Unternehmen, die Jobbewerber ablehnen müssen. Im Anschluss an eine Absage meiden die abgelehnten Bewerber das Unternehmen oder verbreiten negatives WOM (Bauer et al. 1998, S. 900; Feinberg/Meoli-Stanton/Gable 1996, S. 70). Im Marketingkontext allerdings gibt es nur sehr wenige Studien, die sich mit den Konsequenzen von Absagen beschäftigen. In diesem Kontext wurden bisher „Stockouts" von Produkten/Services, die Absage von Verbraucherideen und der Verlust bei einem Wettbewerb oder Gewinnspiel als Arten von Absagen untersucht. Studien zu diesen Formen liefern jedoch inkonsistente Ergebnisse. Es wurden sowohl mögliche negative Konsequenzen, wie die Verschlechterung des Unternehmensimages oder die Abwanderung von Kunden (Ge/Messinger/Li 2009, S. 284 f.; Fitzsimons 2000, S. 264; Ward/Hill/Gardner 1988, S. 139) festgestellt, als auch mögliche positive Konsequenzen, wie eine Steigerung der Kundenpartizipation im Anschluss an eine Absage (Fombelle/Bone/Lemon 2016, S. 685; Piezunka/Dahlander 2019, S. 521) herausgefunden.

Absagen in Online-Produkttester-Programmen wurden bisher allerdings nicht betrachtet und aufgrund der inkonsistenten Ergebnisse bei den ähnlichen Formen im Marketingkontext bleibt es ungewiss, wie Absagen in Online-Produkttester-Programmen auf abgelehnte Bewerber wirken. Darüber hinaus ist es fraglich, welche Konsequenzen für die Unternehmen zu erwarten sind, wenn sie Bewerber im Rahmen eines Online-Produkttester-Programms ablehnen. Es ist möglich, dass das Unternehmen sowohl mit negativen als auch mit positiven Konsequenzen zu rechnen hat. Einerseits ist zu vermuten, dass der Bewerber im Anschluss an die Absage versucht zu verstehen, aus welchem Grund er diese erhalten hat. Basierend auf der Attributionstheorie ist es möglich, dass der Bewerber die Motive des Unternehmens hinter dem Produkttest hinterfragt und skeptisch wird. Diese Skepsis kann zu negativen Konsequenzen für das Unternehmen führen, z. B. zur Abnahme der Kaufabsicht und einer Steigerung der Absicht, negatives WOM zu verbreiten. Andererseits hat der Bewerber bewusst die Entscheidung getroffen, sich für den Produkttest zu bewerben, und ist damit ein aktives Commitment eingegangen. Es ist möglich, dass der abgelehnte Bewerber nach der Absage stärkeres Commitment verspürt. Dies kann daraufhin auch zu kontraintuitiven positiven Konsequenzen für das Unternehmen führen, z. B. in Form einer Steigerung der Kaufabsicht oder einer Abnahme der Absicht, negatives WOM zu verbreiten.

Online-Produkttester-Programme stellen ein relevantes Marketinginstrument dar (Yao et al. 2017; S. 599), zu dem es allerdings bisher noch wenig Forschungsliteratur gibt. Auch die Konsequenzen von Absagen wurden bisher im Marketingkontext nur sehr wenig untersucht und im Rahmen von Online-Produkttester-Programmen bisher nicht beachtet. Diese Forschungslücke soll mittels der vorliegenden Arbeit geschlossen werden. Die Betrachtung der Konsequenzen von Online-Produkttester-Programmen kann wesentliche Erkenntnisse für die Marketingforschung und -praxis hervorbringen. Die Forschungslage zu Online-Produkttester-Programmen und zu Absagen kann erweitert werden und es können Handlungsempfehlungen für Unternehmen ausgesprochen werden, die Produkttester-Programme durchführen.

1.2 Zielsetzung und Forschungsfragen

Erste Vermutungen legen nahe, dass Absagen in Online-Produkttester-Programmen sowohl zu negativen als auch positiven Konsequenzen für Unternehmen führen können. Somit lautet die forschungsleitende Fragestellung der vorliegenden Arbeit: Wie wirkt eine Absage in einem Online-Produkttester-Programm auf den abgelehnten Bewerber?

Die übergeordnete Frage lässt sich in drei Teilfragen aufteilen:

1. Welche psychologischen Mechanismen erklären die Effekte einer Absage in einem Online-Produkttester-Programm? Gibt es positive und negative Wirkmechanismen?
2. Unter welchen Bedingungen tritt der Effekt einer Absage in einem Online-Produkttester-Programm auf?
3. Wie beeinflusst eine Absage das zukünftige Verhalten der abgelehnten Bewerber?

Zur Beantwortung der Forschungsfragen wird eine Kombination verschiedener Forschungsmethoden angewandt. Auf Basis einer explorativen qualitativen Befragung und zweier psychologischer Theorien werden entsprechende Hypothesen zur Überprüfung hergeleitet. Da in Online-Produkttester-Programmen verschiedene Produkte verschiedener Preiskategorien angeboten werden und die Anzahl an vorherigen Bewerbungen je Bewerber variiert, werden diese Faktoren in der Arbeit ebenfalls beachtet. Die postulierten Zusammenhänge werden anschließend in zwei Szenarioexperimenten und einer Feldstudie untersucht. Ziel ist es, die psychologischen Mechanismen zu identifizieren und somit das Verhalten der abgelehnten Bewerber zu verstehen. So soll letztendlich die beschriebene Forschungslücke geschlossen werden, indem die Forschungsfragen beantwortet werden. Auf Basis dessen sollen neue Erkenntnisse für die Marketingforschung und -praxis abgeleitet werden.

1.3 Gang der Untersuchung

Die Arbeit gliedert sich in fünf Kapitel. Abbildung 1.1 gibt einen Überblick über den Gang der Untersuchung.

Kapitel 1 leitet in die Thematik ein und beschreibt die Zielsetzung der Arbeit. In Abschnitt 1.1 wird die Relevanz des Themas für die Marketingforschung und -praxis aufgezeigt. Die Zielsetzung der Arbeit und die daraus resultierenden Forschungsfragen werden in Abschnitt 1.2 vorgestellt, bevor abschließend im aktuellen Abschnitt 1.3 der Gang der Untersuchung erläutert wird.

Kapitel 2 beinhaltet die konzeptionellen Grundlagen. Dafür wird in Abschnitt 2.1 der Begriff *Online-Produkttester-Programm* definiert und von verwandten Konzepten abgegrenzt. Zusätzlich wird der Stand der Forschung dargestellt. In Abschnitt 2.2 wird der Begriff *Absagen* definiert und die bisher publizierten Forschungen detailliert betrachtet. Abschnitt 2.3 fasst die konzeptionellen Grundlagen zu Online-Produkttester-Programmen und Absagen zusammen und bewertet diese abschließend.

Kapitel 3 dient der Entwicklung des Untersuchungsmodells. Hier wird zuerst in Abschnitt 3.1 die explorative qualitative Befragung vorgestellt. Anschließend werden in Abschnitt 3.2 die Attributionstheorie und das Commitment-Consistency-Prinzip im Rahmen der theoretischen Grundlagen vorgestellt. Basierend auf der explorativen qualitativen Befragung und den theoretischen Grundlagen werden in Abschnitt 3.3 die Hypothesen für die Arbeit abgeleitet.

Kapitel 4 behandelt die empirische Untersuchung. Zu Beginn wird eine Übersicht über die Studien in Abschnitt 4.1 gegeben. Anschließend werden in Abschnitt 4.2 die gewählten Untersuchungsformen begründet. Studie 1, die sich mit den Konsequenzen von Absagen und der Rolle des Produktpreises beschäftigt, wird in Abschnitt 4.3 dargestellt. In Abschnitt 4.4 folgt die Studie 2, die ebenfalls die Konsequenzen von Absagen und darüber hinaus die Rolle der Anzahl an Absagen analysiert. Die letzte Studie der Arbeit ist Studie 3. In Abschnitt 4.5 werden die Konsequenzen von Absagen noch einmal mittels einer Feldstudie überprüft.

Kapitel 5 bildet die Schlussbetrachtung der Arbeit. Darin werden die Ergebnisse der Untersuchung in Abschnitt 5.1 zusammengefasst und die Forschungsfragen beantwortet. Aus den Erkenntnissen werden in Abschnitt 5.2 Implikationen für die Marketingforschung und -praxis abgeleitet und die Limitationen der Untersuchung sowie der daraus resultierende weiterführende Forschungsbedarf werden in Abschnitt 5.3 festgehalten.

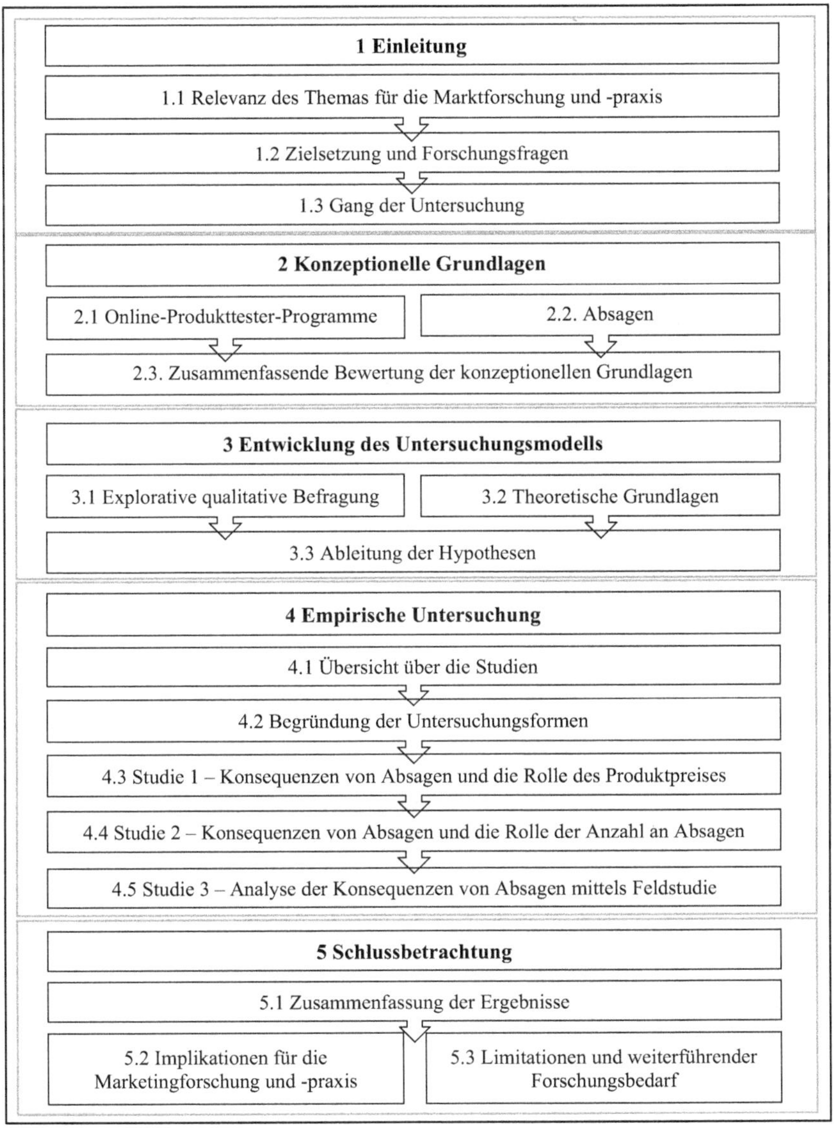

Abbildung 1.1 Aufbau der Arbeit. (Quelle: Eigene Darstellung)

2 Konzeptionelle Grundlagen

Innerhalb des Kapitels der konzeptionellen Grundlagen werden die Themenbereiche Online-Produkttester-Programme (**Abschnitt 2.1**) und Absagen (**Abschnitt 2.2**) betrachtet. Hierzu werden die Begriffe bestimmt und inhaltlich von verwandten Konzepten abgegrenzt. Zusätzlich wird zu den beiden Themenbereichen jeweils ein Überblick über den aktuellen Stand der Forschung gegeben. Die konzeptionellen Grundlagen zu Online-Produkttester-Programmen und Absagen werden zusammengefasst und bewertet (**Abschnitt 2.3**).

2.1 Online-Produkttester-Programme

Im Folgenden werden die Grundlagen der Online-Produkttester-Programme erläutert. Hierzu wird der Begriff zunächst bestimmt (**Abschnitt 2.1.1**). Anschließend werden Online-Produkttester-Programme anhand ihrer Eigenschaften von verwandten Konzepten abgegrenzt (**Abschnitt 2.1.2**) und abschließend wird ein Überblick über den aktuellen Stand der Forschung gegeben (**Abschnitt 2.1.3**).

2.1.1 Begriffsbestimmung

Online-Produkttests werden häufig mit neuen und teilweise noch nicht auf dem Markt verfügbaren Produkten durchgeführt (Cui et al. 2018, S. 1; Garnefeld et al. 2021, S. 703; Haenlein/Libai 2017, S. 71; Nejad/Amini/Babakus 2015, S. 68). Der Ablauf eines Online-Produkttester-Programms besteht meistens aus insgesamt sieben Schritten, die in Abbildung 2.1 abgebildet sind.

K. L. Küpper, *Negative und positive Effekte von Absagen in Online-Produkttester-Programmen*, Applied Marketing Science / Angewandte Marketingforschung, https://doi.org/10.1007/978-3-658-45383-1_2

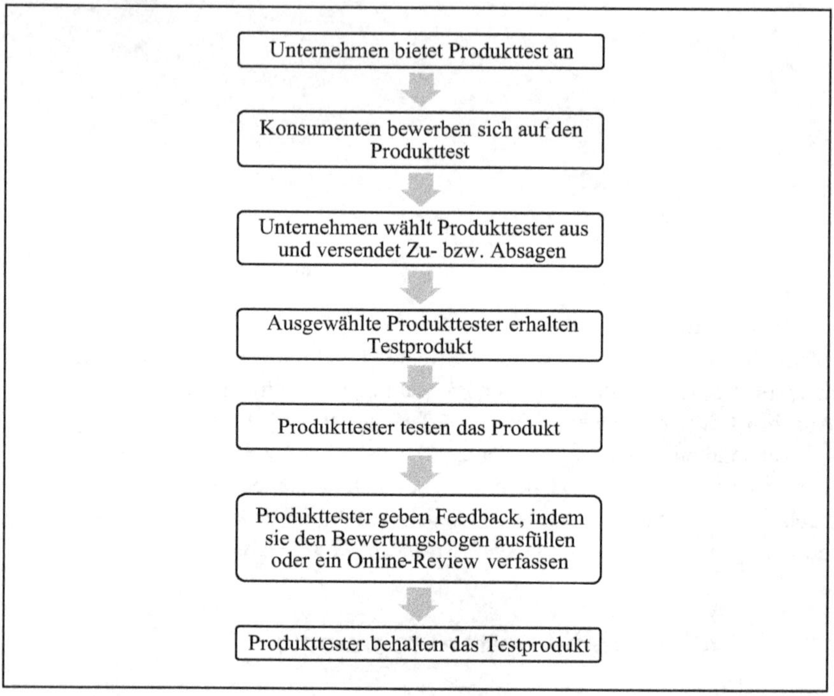

Abbildung 2.1 Ablauf eines Produkttests. (Quelle: Eigene Darstellung)

Im ersten Schritt **bietet ein Unternehmen ein Testprodukt** an. Dies kann z. B. auf der eigenen Webseite, in der eigenen Community oder in den eigenen sozialen Medien stattfinden. Sollte das Unternehmen bereits eine Community besitzen, die ausschließlich zur Durchführung von Produkttests dient, können sich Interessenten dort zu jeder Zeit anmelden und erhalten eine Benachrichtigung, sobald sie sich für einen neuen Produkttest bewerben können (z. B. dm-drogerie markt Produkttester-Community). Anbieter solcher Produkttests können die Hersteller selbst, Händler oder Agenturen sein. Agenturen haben oftmals bereits eine große Anzahl an Community-Mitgliedern und erreichen somit schneller die gewünschte Zielgruppe, als die Hersteller oder Händler (Sautmann 2016, S. 177). Einige Agenturen spezialisieren sich darüber hinaus auch auf gewisse Produktkategorien (z. B. Konsumgöttinnen mit Haushaltswaren). Grundsätzlich werden häufig gerade neu entwickelte Produkte als Testprodukte ausgewählt, um erste Bekanntheit am Markt zu generieren und ein erstes Produktfeedback zu erhalten (Yao et al. 2017, S. 599). Die Anzahl an verfügbaren Testprodukten variiert sehr stark und hängt von der jeweiligen Produktkategorie und dem Preis des Testproduktes ab. Bei günstigeren Testprodukten, wie z. B. Kosmetikartikeln oder Lebensmitteln, werden meist mehrere hundert Testprodukte angeboten (REWE 2023, dm-drogerie markt 2023), wohingegen bei hochpreisigen Elektronikartikel meist nur wenige Testprodukte zur Verfügung gestellt werden (Phillips 2023, MediaMarkt 2023).

Im zweiten Schritt **können sich die Konsumenten auf den Produkttest bewerben**. Häufig werden dazu nur einige wenige Angaben zur Person und die Adresse abgefragt. Teilweise wollen Anbieter die Produkttester anhand von spezifischen Kriterien auswählen und fragen daher bereits nach personenspezifischen Angaben, wie z. B. der Haarstruktur (dm-drogerie markt), der Haushaltsgröße („Frag Team Clean") oder auch dem Aktivitätsgrad auf sozialen Medien (Phillips). Diese werden oft bei der Registrierung bei einer Produkttester-Community einmalig abgefragt. So wollen Unternehmen sichergehen, dass die für sie relevantesten Tester ausgewählt werden können und diese das Feedback in ihren sozialen Netzwerken auch verbreiten. Einige Unternehmen lassen die Bewerber zudem eine Art Motivationsbrief schreiben, der eine vorab festgelegte Anzahl an Worten enthalten muss. Darin müssen die Bewerber schriftlich darlegen, warum sie sich als Tester eignen („Frag Team Clean").

Im dritten Schritt **wählt das Unternehmen die Produkttester aus**. Die Auswahl kann auf den Angaben basieren, die bei der Bewerbung ans Unternehmen übermittelt wurden. Das bedeutet, es werden gezielt diejenigen Tester ausgewählt, von denen sich das Unternehmen das beste Feedback verspricht. Nach diesen Prinzipien werden meistens auch die Tester bei Produkttests über Marketingagenturen ausgewählt. Eine weitere Möglichkeit besteht darin, dass das Unternehmen per Losverfahren entscheidet, wer als Produkttester ausgewählt wird. Bei einigen Unternehmen wird das Auswahlverfahren generell nicht preisgegeben und der Bewerber kann lediglich Vermutung über den Auswahlprozess anstellen (dm-drogerie markt 2023; MediaMarkt 2023; Lu et al. 2018, S. 77 f.). Unternehmen versenden die Zu- bzw. Absagen in der Regel per E-Mail an die Bewerber. In einigen Fällen wird dabei bereits für den nächsten Produkttest geworben.

Im vierten Schritt des Produkttests **erhalten die ausgewählten Tester ihr Testprodukt**. Meist bekommen die Tester das Produkt kostenfrei nach Hause geliefert. Es gibt allerdings auch Programme, z. B. von REWE, bei denen der ausgewählte Tester einen Gutscheincode zugeschickt bekommt, mit dem er das

Produkt im stationären Handel kostenfrei abholen kann. Dies kann für das Unternehmen vorteilhaft sein, weil der Tester im Geschäft weitere Einkäufe tätigt und so Cross-Selling-Potenziale entstehen (Zhang/Go/Lin 2017, S. 4). Gleichzeit muss sich das Unternehmen nicht um den Versand der Testprodukte kümmern. Handelt es sich bei dem Testprodukt um ein digitales Produkt (z. B. ein Computerspiel oder eine Software), so erhalten die Produkttester einen digitalen Zugang.

Im fünften Schritt **testen die Produkttester das Produkt**. Dieser Testzeitraum wird vom Unternehmen festgelegt und beträgt häufig zwei bis vier Wochen (Phillips, „Frag Team Clean"; MediaMarkt „Testpiloten"). In diesem Zeitraum sollen die Produkttester das Produkt mit allen Spezifikationen im Alltag testen und sich ein Urteil über das Produkt bilden. In einigen Fällen gibt das Unternehmen Hilfestellung zum bestmöglichen Einsatz oder Anweisungen, wie sie das Testen des Produkts mit Fotos und Videos festhalten und dokumentieren sollen (Phillips 2023).

Nach der Testphase müssen die Produkttester im sechsten Schritt ihr **Feedback abgeben**. In einigen Fällen erhalten die Tester dafür einen Link zu einem Online-Fragebogen, in dem sie zum einen Fragen beantworten müssen und zum anderen frei über ihre Erfahrungen berichten sollen. Dieser Fragebogen kann bereits bei der Lieferung des Testprodukts als Briefbogen in der Verpackung enthalten sein. In anderen Fällen müssen die Tester ihr Feedback über ihre sozialen Medien öffentlich teilen oder es an das Unternehmen senden, das dann die Online-Reviews oder die Fotos und Videos über die Unternehmenskanäle veröffentlicht (MediaMarkt 2023; REWE 2023).

Nach Abgabe des Feedbacks bzw. Veröffentlichung des Materials endet der Produkttest und der **Produkttester darf das Testprodukt behalten**. In einigen wenigen Ausnahmen, vor allem bei teureren Testprodukten (z. B. bei Phillips, trnd) oder bei Nicht-Abgabe der Bewertung, behält sich das Unternehmen vor, das Testprodukt zurückzufordern. In einigen Programmen können die Tester das Produkt auch zu einem vergünstigten Preis dem Unternehmen abkaufen (trnd 2023; MediaMarkt 2023).

Abschließend kann folgende Definition eines Produkttests für die vorliegende Arbeit abgeleitet werden:

Online-Produkttests sind ein Marketinginstrument, bei dem sich Konsumenten elektronisch bei einem Hersteller, bei einem Händler oder bei einer Agentur bewerben, um ein Produkt kostenfrei oder zu einem vergünstigten Preis zu erhalten. Im Gegenzug verpflichten sich die Produkttester, das Produkt ausgiebig zu testen und nach Abschluss der Testphase Feedback in Form eines Fragebogens oder eines Online-Reviews zum Produkt abzugeben. Dieses Feedback wird oftmals entweder vom Tester selbst oder vom Unternehmen veröffentlicht.

2.1.2 Abgrenzung zu verwandten Konzepten

Online-Produkttester-Programme ähneln in einigen Komponenten anderen Marketingmaßnahmen. Die größten Ähnlichkeiten haben sie mit dem Product Sampling, weshalb eine Abgrenzung zwischen den beiden Maßnahmen für die vorliegende Arbeit relevant ist.

Jain, Mahajan und Muller (1995, S. 125) definieren Product Samples wie folgt: „Samples are offers of free amount or trial of a product for consumers." Dabei erhält der Kunde das Produkt oder eine Produktprobe kostenfrei. Handelt es sich hingegen um eine Dienstleistung, die der Kunde testen soll, so spricht man auch von „free trials" (freiem Zugang).

Die Tabelle 2.1 gibt einen Überblick über die Merkmale der Maßnahmen und zeigt die Unterschiede zwischen den Maßnahmen auf.

Tabelle 2.1 Unterschiede zwischen Online-Produkttests und Product Sampling

Unterscheidungsmerkmale	Online-Produkttests	Product Sampling
Produkt	Vollständiges Produkt	Kleine Produktprobe oder begrenzter Zugang
Produktart	Nicht eingegrenzt	Primär Verbrauchsgüter
Voraussetzung der Teilnahme	Aktive Bewerbung durch Konsumenten	Keine Voraussetzungen
Verteilung	Gezielt oder zufällig	Willkürlich oder gezielt an einen Konsumenten
Durchführungsart	Online	On- und Offline
Primäre Ziele	Gewinnung von Feedback zu neuen Produkten; Steigerung der Bekanntheit des Produktes, der Marke und des Unternehmens	Tester als Kunden gewinnen; Steigerung von positiven WOM in Form von Online Reviews
Verpflichtung der Teilnehmer	Verpflichtung zur Abgabe von Feedback	Keine Verpflichtungen

Quelle: Eigene Darstellung.

Im Gegensatz zu den meisten Sampling-Kampagnen werden bei einem Produkttest vollwertige **Produkte** an Tester ausgegeben (Zhang/Go/Lin 2017, S. 5). Beim Sampling werden kleine Warenproben oder im Falle einer Dienstleistung zeitlich begrenzte Zugänge verteilt. Bei der Verteilung von Zugängen zu Dienstleistungen gibt es zwei gängige Formen. Zum einen können Unternehmen zeitlich begrenzte Zugänge verteilen, mit denen meist der volle Umfang der Dienstleistung genutzt werden kann. Die andere Möglichkeit ist die Verteilung einer Demo-Version. Dabei erhält der Konsument eine Version mit eingeschränkter Funktionalität (Cheng/Liu 2012, S. 488). Die **Produktart** ist beim Online-Produkttest nicht eingegrenzt. Testprodukte können sowohl Verbrauchsgüter, wie Zahnpasta, aber auch Gebrauchsgüter, wie Elektronikartikel oder Bücher, sein (Zhang/Go/Lin 2017, S. 5). Beim Product Sampling werden primär Verbrauchsgüter verteilt (Sprott/Shimp 2004, S. 312; Yao et al. 2014, S. 1; Zhang/Go/Lin 2017, S. 2 ff.). Die **Voraussetzung für die Teilnahme** am Produkttest ist eine aktive Bewerbung des Konsumenten. Bei einem Produkttest erfolgt die Verteilung des Testprodukte erst nach einer erfolgreichen Bewerbung. Dies bedeutet, dass der Bewerber zuerst eine Bewerbung ausfüllen muss und anschließend vom Unternehmen als Tester ausgewählt wird (Yao et al. 2017, S. 599). Beim Product Sampling hingegen muss der Teilnehmer keine Voraussetzungen erfüllen.

Die Art der **Verteilung** der beiden Maßnahmen unterscheidet sich ebenfalls. Die Auswahl der Produkttester im Rahmen eines Produkttester-Programms kann gezielt auf Basis ihrer Angaben in der Bewerbung oder zufällig über ein Losverfahren geschehen. Die ausgewählten Tester bekommen dann das Testprodukt zugeschickt (Zhang/Go/Lin 2017, S. 5). Die Verteilung beim Product Sampling unterscheidet sich vom Produkttest, da die Verteilung auf unterschiedlichen Wegen erfolgen kann: Das Produkt kann vom Unternehmen – über einen Promoter – persönlich direkt oder unpersönlich in Form eines Coupons an den Kunden verteilt werden. Zusätzlich muss das Unternehmen den Ort der Verteilung bestimmen. Der Kunde kann direkt am Point-of-Sale oder an einem anderen öffentlichen Ort angesprochen werden. Auch eine Lieferung der Probe nach Hause ist möglich. Besteht die Option, die Probe eines Produktes an ein anderes Produkt des gleichen Unternehmens oder an eine Zeitschrift anzuheften, so ist die Chance hoch, dass der Kunde auch auf diese Weise das Produkt testet (Gedenk 1999, S. 91 f.; Jain/Mahajan/Muller 1995, S. 125).

Die **Durchführung** des gesamten Produkttests, von der Ausschreibung über Bewerbung und Verteilung bis zum Feedback an das Unternehmen, geschieht online (Zhang/Go/Lin 2017, S. 3). Bei Product Sampling hingegen kann die Durchführung sowohl offline als auch online stattfinden. Aufgrund der zunehmenden Digitalisierung und der Verbreitung des Internets bedienen sich mittlerweile auch Unternehmen, die online agieren, der Marketingmaßnahme des Product Sampling und gewähren Proben. Ein Beispiel dafür ist der Film-Streaming-Dienst Netflix, der Konsumenten für einen limitierten Zeitraum kostenfreien Zugang zu den Filmen und Serien gewährt. Die Durchführung einer solchen Online-Kampagne besitzt gegenüber dem Offline-Markt einige Vorteile. So ist es online bspw. für das Unternehmen leichter, eine größere Menschenmenge zu erreichen. Offline werden nur diejenigen Menschen erreicht, die sich an dem Ort der Produktverteilung im Rahmen des Product Sampling befinden (Foubert/Gijsbrechts 2016, S. 810; Yao et al. 2017, S. 599).

Die **primären Ziele** eines Online-Produkttester-Programms sind die Gewinnung von Feedback und die Steigerung der Bekanntheit eines neuen Produktes, einer Marke und eines Unternehmens (Garnfelde et al. 2021, S. 704 f.). Der Erhalt von Feedback in Form eines ausgefüllten Fragebogens im Anschluss an die Testphase und die Generierung von Online-Reviews sind für die Unternehmen essentiell. Die Neukundenakquise steht für die Unternehmen nicht im Vordergrund, da viele Produkttester sich häufiger bei verschiedenen Unternehmen bewerben, um Testprodukte kostenfrei zu erhalten. Außerdem ist es insbesondere bei Gebrauchsgütern, wie z. B. einer Kamera, unwahrscheinlich, dass der Tester sich kurz nach dem Produkttest eine weitere Kamera kauft. Das primäre Ziel von Product-Sampling-Kampagnen hingegen ist die Gewinnung neuer Kunden, insbesondere für gerade fertig entwickelte Produkte. Daher definieren Yao et al. (2017, S. 599) Product Sampling auch als eine alte, aber effektive Maßnahme, die Unternehmen ergreifen können, um einen neuen Markt zu betreten, ein neues Produkt zu promoten oder den Absatz eines bestehenden Produkts zu steigern. Diese Ziele können mittels Product Sampling erreicht werden, indem der Kunde das Produkt testet und somit seine bestehenden Unsicherheiten bezüglich dieses Produktes beseitigen kann. Dabei geht er keinerlei Risiko eines monetären Verlustes ein (Jain/Mahajan/Muller 1995, S. 125; Yao et al. 2017, S. 599). Ein weiteres Ziel des Product Sampling ist die Steigerung des positiven WOM in Form von Online-Reviews. Mit dem Testen des Produktes soll der Konsument überzeugt werden und die Erfahrungen sollen an andere Konsumenten weitergegeben werden (Haenlein/Libai 2017, S. 71). Dieses Ziel kann beim Product Sampling auch erreicht werden, indem gezielt an Tester verteilt wird, die dann ihre Meinung über die sozialen Medien mit anderen Konsumenten teilen sollen oder Online-Reviews auf der Webseite des Anbieters verfassen (Chae et al. 2017, S. 89). Als Tester werden dafür häufig auch Microinfluencer (Influencer mit einer Reichweite zwischen 1 000 und 100 000 Abonnenten) ausgesucht, um mit der Kampagne viele Menschen zu erreichen. Diese erhalten dann vorwiegend Verbrauchsgüter, wie Lebensmittel, Haushaltsmittel oder Kosmetik- und Gesundheitsartikel zum Testen. Die Tester werden ermutigt, ihre ehrliche Meinung zu veröffentlichen und die Teilnahme an der Kampagne preiszugeben (Dost et al. 2019, S. 65).

Ein weiteres wichtiges Unterscheidungsmerkmal ist die **Verpflichtung**, die die Teilnehmer der Kampagnen eingehen. Beim Produkttest verpflichten sich die Bewerber, dass sie bei erfolgreicher Bewerbung nach der Testphase Feedback an das Unternehmen senden müssen. Somit ist das Ausfüllen eines Feedbackbogens oder das Verfassen eines Online-Reviews für den Teilnehmer verpflichtend. Einige Unternehmen behalten sich vor, das Testprodukt zurückzufordern oder Tester von zukünftigen Produkttests auszuschließen, sollte diesen Verpflichtung nicht nachgegangen werden (MediaMarkt 2023). Zudem wird im Falle eines Online-Reviews meist vorgegeben, auf welcher Webseite es publiziert werden muss. Somit haben die Produkttester keine Freiheiten, in welcher Form sie ihr Feedback weitergeben können. Beim Product Sampling hingegen gehen die Konsumenten mit Erhalt der Warenprobe keinerlei Verpflichtungen gegenüber dem Unternehmen ein (Schlereth et al. 2013, S. 48). Sie sind somit nicht dazu verpflichtet, Feedback abzugeben oder Informationen zu teilen. Selbst explizit ausgewählte Tester werden lediglich gebeten, ihre Meinung zu teilen, und erhalten in der Regel als Gegenleistung nur das Testprodukt an sich und keine weitere Bezahlung (Dost et al. 2019, S. 65).

2.1.3 Stand der Forschung

Da Online Produkttester-Programme erst seit kurzer Zeit angewandt werden, gibt es bisher erst wenig Forschung zu dieser Marketingmaßnahme. Aus diesem Grund wird im Folgenden der Stand der Sampling-Forschung und der Online-Produkttester-Programm-Forschung dargestellt. Zuerst wird die Wirkungen von Samples bzw. Warenproben beschrieben (**Abschnitt 2.1.3.1**), bevor anschließend die Gestaltungsmerkmale einer Sampling-Kampagne betrachtet werden (**Abschnitt 2.1.3.2**) und abschließend die erforschten Wirkungsweisen von Online-Produkttests erläutert werden (**Abschnitt 2.1.3.3**).

2.1.3.1 Wirkungsweisen von Product Sampling

Ein Teil der Forschung zum Product Sampling befasst sich mit der Wirkung auf den Konsumenten. Die zeitlichen Dimensionen unterteilen sich in den Zeitpunkt des Erhalts und Verwendung der Probe, den unmittelbaren Kaufprozess danach (kurzfristige Wirkung) und die späteren Kaufprozesse (langfristige Wirkung). Gedenk (1999, S. 93) setzt in ihrem Aufsatz die zeitlichen Dimensionen mit drei Messobjekten in Verbindung. Sie untersucht die Wirkung von Warenproben auf die Wahrnehmung, die Einstellung und das Verhalten des Testers. Tabelle 2.2 verdeutlicht die möglichen Wirkungen.

Tabelle 2.2 Wirkungen von Warenproben

		Zeitliche Dimensionen der Wirkungen		
		Verteilung von Warenprobe	Kurzfristige Wirkung (erster Kauf nach Verteilung der Probe)	Langfristige Wirkung (spätere Kaufprozesse)
Sachliche Dimensionen der Wirkungen	Wahrnehmungen	Anzeigenerinnerung	–	–
	Einstellungen	Beurteilung der Warenprobe	Produktbeurteilung Unternehmensbeurteilung	Produktimage Unternehmensimage
	Verhalten	Probenverwendung	Produktabsatz Unternehmensabsatz	Markentreue Kundenloyalität

Quelle: In Anlehnung an Gedenk 1999, S. 93.

Bei einer erfolgreichen **Verteilung von Warenproben** (erste zeitliche Dimension) wird zunächst die **Wahrnehmung** des Konsumenten angeregt. Dabei erkennt der Konsument die Warenprobe und erinnert sich an das Produkt. Im Falle einer ineffizienten Verteilung (z. B., die angesprochenen Konsumenten nehmen die Warenprobe nicht an) findet diese Wahrnehmung nicht statt und es können daher weder kurz- noch langfristigen Effekte entstehen. Beurteilt der Konsument das Produkt nach der Verwendung als attraktiv, ändert sich seine **Einstellung** und er wird mit einer hohen Wahrscheinlichkeit das Produkt auch nutzen. Der Erhalt und die Verwendung haben somit einen Einfluss auf das **Verhalten** des Konsumenten (Gedenk 1999, S. 93).

Warenproben werden gezielt eingesetzt, um **kurzfristige Wirkungen** zu erzielen, wie den Produktabsatz und damit einhergehend den Unternehmensabsatz zu steigern (Chandukala et al. 2017 S. 504 f.; Chen et al. 2017 S. 89, Dost et al. 2019 S. 76, Zhou/Duan 2015, S. 21 f.). Auf die Beurteilung der Warenprobe folgt die Produkt- bzw. Unternehmensbeurteilung basierend auf der neu gebildeten **Einstellung** des Konsumenten (Baum et al. 2019, S. 95; Foubert/Gijsbrechts 2016, S. 810; Wang et al. 2013, S. 189). Warenproben reduzieren die Unsicherheit beim Konsumenten durch die direkte Erfahrung mit dem Produkt. So ist es den Testern möglich, vor einem Kauf zu evaluieren, ob das Produkt zu ihren Bedürfnissen passt (Cheng/Liu 2012, S. 493; Foubert/Gijsbrechts 2016, S. 820; Hu et al. 2010, S. 374 ff.; Wu/Deng/Jiang 2018, S. 192 f.). Gleichzeitig kann das Verteilen von Testprodukten als Qualitätssignal wahrgenommen werden (Heiman et al. 2001, S. 533f; Hu et al. 2010, S. 374 ff.; Smith/Swinyard 1983, S. 265 f.).

Warenproben sorgen für ein höheres Vertrauen als andere Werbung, da der Kunde eigene Produkterfahrungen sammeln kann. Übertrieben gestaltete Werbung kann beim Konsumenten hohe Erwartungen hervorrufen, die im Nachhinein für Unzufriedenheit sorgen können, wenn diese Erwartungen nicht erfüllt werden. Im Gegensatz dazu tritt dies bei der Nutzung von Warenproben nicht ein. Der sorgfältige Einsatz von Werbung neben der Sampling-Kampagne kann allerdings auch zusätzliche Vorteile bringen, die in kurzfristige oder langfristige Effekte münden (Marks/Kamins 1988, S. 279). Dabei ist auf die Reihenfolge der Aktionen innerhalb der Kampagnen zu achten. Wird die Sampling-Kampagne vor der Werbung durchgeführt, sind die Erwartungen der Kunden an das Produkt noch nicht so hoch. Die anschließende Werbung hat jedoch auch weniger Einfluss auf das Verhalten und die Einstellung des Konsumenten. Wird hingegen erst die Werbung geschaltet, so wird das Produkt von vielen Menschen wahrgenommen, von denen viele das Produkt auch testen möchten. Damit einher geht jedoch die Gefahr, dass die Erwartungen an das Produkt steigen (Marks/Kamins 1988, S. 279). Mittels Testens der Produkte am Point-of-Sale kommt es nach positiver

Beurteilung häufig zu einem für das Unternehmen positiven **Verhalten** und der Tester kauft das Produkt. Der Produkt- bzw. Unternehmensabsatz steigt. Darüber hinaus kommt es oftmals zur Verbreitung von WOM, was zu weiteren Absatzsteigerungen führt. Der Anstieg von WOM kann darauf zurückgeführt werden, dass die Konsumenten, die eine kostenfreie Warenprobe erhalten, gerne dem Unternehmen etwas zurückgeben möchten und sich erkenntlich zeigen wollen (Baum et al. 2019 S. 95; Bond et al. 2019, S. 287 f.; Gedenk 1999, S. 94; Heiman et al. 2001, S. 533 f.; Chen/Duan/Zhou 2017, S. 83).

Bawa und Shoemaker (2004, S. 359 f.) nennen drei Effekte von Sampling auf den Produktabsatz: Beschleunigungseffekt, Ausweitungseffekt und Kannibalisierungseffekt. Der Beschleunigungseffekt sorgt dafür, dass Konsumenten aufgrund der Produktprobe früher beginnen, das Produkt zu konsumieren. Über den Ausweitungseffekt kommt es zu einer Vergrößerung der Zielgruppe, weil Personen das Produkt konsumieren, die es eigentlich nicht vorhatten. Sampling kann allerdings auch einen negativen Effekt hervorrufen. Aufgrund der kostenfreien Verteilung der Produkte kann es zu einem Kannibalisierungseffekt kommen, weil wegen der Verteilung die Anzahl der regulären Käufe reduziert wird. In beiden von Bawa und Shoemaker durchgeführten Experimenten waren die positiven Effekte auf den Absatz allerdings höher als der festgestellte Kannibalisierungseffekt (Bawa/Shoemaker 2004, S. 359 f.).

Warenproben können neben kurzfristigen auch **langfristige Wirkungen auf spätere Kaufprozesse** haben (Bawa/Shoemaker 2004, S. 359 f.). Langfristig kann sich die **Einstellung** gegenüber dem Produkt und dem Unternehmen ändern, was zu Markentreue bzw. zu Kundenloyalität führen kann (Foubert/Gijsbrechts 2016, S. 810; Gedenk 1999, S. 94; Wu/Deng/Jiang 2018, S. 192 f.). Bettinger, Dawson und Wales (1979, S. 35 ff.) haben sich in ihrer Studie ebenfalls mit den langfristigen Effekten von Warenproben beschäftigt. Anhand ihrer Studie konnten sie zeigen, dass das Testen eines Produkts eine neue Akzeptanz schaffen kann. Produkte, die vorab als typische Kinderprodukte gelten, können bei der Verkostung seitens Erwachsener ein neues Produktimage erhalten. Daraus lässt sich schließen, dass die Verteilung von Warenproben zu einer **Verhaltensänderung** und demnach auch zu der Erschließung einer neuen Kundengruppe führen kann (Bettinger/Dawson/Wales 1979, S. 35 ff.; Libai et al. 2013, S. 161). Generell hilft das Anbieten von Warenproben langfristig dabei, das Image des Produktes und des Anbieters zu verändern, und kann somit zu Markentreue bzw. Kundenloyalität führen (Bawa/Shoemaker 2004, S. 345; Gedenk 1999, S. 106; Gedenk/Neslin 1999, S. 450 ff.).

2.1.3.2 Gestaltungsmerkmale einer Product-Sampling-Kampagne

Bei der optimalen Planung einer Sampling-Kampagne müssen einige Gestaltungsmerkmale festgelegt werden. Dies ist die Produktauswahl, die Sampling-Größe, die adressierten Konsumenten und die zeitliche Gestaltung des Programms.

Eine wichtige Entscheidung bei der Gestaltung ist einer Product-Sampling-Kampagne ist die **Produktauswahl**. Dabei kann unterschieden werden zwischen der Verteilung von physischen und digitalen Produkten (Zhang/Goh/Lin 2017, S. 2). Chen, Duan und Zhou (2017, S. 82 ff.) haben mit ihrer Studie die Effekte von Samples erforscht und herausgefunden, bei welchen Produkten die größten Effekte auftreten. Dabei stellten sie fest, dass digitale Warenproben zur Steigerung von WOM führen, was wiederum zu einer Steigerung des Absatzes führt. Dieser Zusammenhang ist bei unbekannten Produkten stärker als bei bereits etablierten und bekannten Produkten. Der Kannibalisierungseffekt ist bei der Betrachtung des Software-Markts gering, wohingegen die Anzahl an Online-Reviews bei einer Verdopplung der verteilten Zugänge um fast ein Drittel stieg. Deshalb sprechen die Autoren die Empfehlung aus, vor allem digitale Nischenprodukte und neue Produkte zum Testen anzubieten. Mit dem Product Sampling erhalten diese Produkte Aufmerksamkeit, die Konsumenten erhalten Informationen und können die Qualität prüfen. Die Chancen, am Markt wahrgenommen zu werden, steigen mit dem Sampling an (Chen/Duan/Zhou 2017, S. 82 ff.). Zusätzlich sind der Aufwand und die Kosten der Verteilung von digitalen Produkten geringer als die physischer Produkte (Chellappa/Shivendu 2005, S. 413; Gedenk 1999, S. 107; Nejad/Amini/Babakus 2015, S. 83). Wright und Lynch (1995, S. 716) konnten in ihrer Studie feststellen, dass Konsumenten bevorzugt Produkte mit Erfahrungseigenschaften testeten und herkömmliche Werbung bei Produkten mit Sucheigenschaften effektiver war.

Bezüglich der optimalen **Sampling-Größe** existieren unterschiedliche Forschungsergebnisse. Jain, Mahajan und Muller (1995, S. 131) konzentrierten sie sich auf neue Produkte vor dem Markteintritt. Dabei betrachteten sie die Beziehungen zwischen der Menge an Produktproben und wirtschaftlichen Kennzahlen, wie der Bruttomarge. Die optimale Sampling-Größe für Gebrauchsgüter liegt ihren Ergebnissen zufolge bei 5–7 % des Marktpotenzials. Bei Verbrauchsgütern hingegen muss die Wiederkaufsrate betrachtet werden. Ist die Wiederkaufsrate des Produktes gering, d. h. wenig Konsumenten kaufen sich in nächster Zeit das Produkt erneut, so sollte die Sampling-Größe größer sein als die Wiederkaufsrate. Erst wenn dies der Fall ist, werden über die Verteilung so viele Personen erreicht, dass sich ein positiver Effekt auf die Verkaufszahlen abzeichnet. Da Jain, Mahajan und Muller allerdings den Wettbewerb in ihrer Studie nicht betrachten und sich ausschließlich mit neuen Produkten vor dem Markteintritt befassen, ist es nicht verwunderlich, dass es noch einige weitere Forschungserkenntnisse zu der optimalen Sampling-Größe gibt. Andere Autoren weichen somit von Jain, Mahajan und Mullers Empfehlung ab und sprechen eher von 0,2 bis 1 % Verteilquote, gemessen an der Gesamtgröße der Zielgruppe (Aral et al. 2013, S. 15; Nejad/Amini/Babakus 2015, S. 78).

Weitere Studien, die sich mit dem Vorgehen des Samplings befassen, untersuchen die **adressierten Konsumenten**. Schlereth et al. (2013, S. 63 f.) verfolgen mit ihrer Studie das Ziel, die geeigneten Konsumenten als mögliche Tester zu identifizieren. Ihre Analyse des Kommunikationsnetzwerks als Informationsquelle für die Konsumenten macht deutlich, dass die Auswahl der richtigen Tester einen größeren Einfluss auf den Absatz hat als die optimale Sampling-Größe. Zusätzlich wird bestätigt, dass das soziale Netzwerk der adressierten Kunden eine wichtige Rolle spielt. Schafft es ein Unternehmen, Konsumenten zu finden, die sozial gut vernetzt sind (Influencer), zeigen sich schneller positive Effekte (Schlereth et al. 2013, S. 63 f.). Diese Influencer können eine Vielzahl an Personen erreichen und haben auch meist viele Follower, die auf ihre Meinung vertrauen (Haenlein/Libai 2013, S. 70 f.; Hinz et al. 2011, S. 68; Nejad/Amini/Babakus 2015, S. 81). Bei der Auswahl der adressierten Konsumenten kann die Ansprache gezielt oder zufällig erfolgen. Laut Haenlein und Libai (2013, S. 70 f.) führt eine gezielte Ansprache der als am umsatzstärksten oder als am besten vernetzt geltenden Kunden zum größtmöglichen Erfolg. Grundsätzlich lässt sich feststellen, dass die Auswahl der Produkttester und die Anzahl an adressierten Konsumenten von vielen Faktoren, wie den Kosten der Kampagne, dem Produkt, der Durchführung abhängt (Groeger/Buttle 2014b, S. 1 188; Haenlein/Libai 2017, S. 86; Nejad/Amini/Babakus 2015, S. 82 f.; Schlereth et al. 2013, S. 60 ff.).

Bezüglich der **zeitlichen Gestaltung** einer Product-Sampling-Kampagne gibt es wiederum unterschiedliche Forschungsergebnisse. Dafür müssen vom Unternehmen sowohl der Zeitpunkt der Kampagne als auch der Zeitraum der Kampagne festgelegt werden. Foubert und Gijsbrechts (2016, S. 810 ff.) haben den optimalen Zeitpunkt bei Dienstleistungen erforscht und sind der Meinung, dass dieser erst nach einer ausgiebigen Testphase eintreten kann. Ein Ergebnis der Studie ist, dass die Probe zunächst dazu führt, dass mehr Kunden beginnen, die Dienstleistung zu nutzen. Während der Nutzung erhalten die Konsumenten einen deutlich detaillierteren Einblick als über Werbung. Sie nehmen die Qualität der Dienstleistung direkt wahr und sind geneigt, ihre Erfahrungen in Form von WOM an andere Personen weiterzugeben. Die Qualität des Testprodukts hat allerdings den größten Einfluss auf den optimalen Zeitpunkt der Verteilung. Ist die Qualität zu Beginn der Verteilung noch zu schlecht, bemerken die Konsumenten dies und verbreiten negatives WOM. Das kann zur Folge haben, dass potenzielle Kunden das Produkt entgegen ihrem eigentlichen Vorhaben nicht kaufen. Daher ist es notwendig, den Zeitpunkt der Verteilung so festzusetzen, dass die Qualität vorab ausreichend geprüft werden konnte und eine gute Qualität sichergestellt ist (Foubert/Gijsbrechts 2016, S. 810 ff.).

Andere Forscher sehen den optimalen Zeitpunkt der Verteilung so früh wie möglich, noch vor dem Markteintritt, um größtmögliche Effekte zu erzielen (Han/Zhang 2018, S. 139; Hu et al. 2014, S. 9). Heimann et al. (2001) erforschten den optimalen Zeitpunkt bei bereits auf dem Markt verfügbaren Produkten. Eine Product-Sampling-Kampagne kann auch dann noch sinnvoll sein, wenn es sich bei dem Produkt um ein nicht mehr neues Produkt oder ein Nischenprodukt handelt und es bereits länger auf dem Markt verfügbar ist. Weil das Produkt dem Kunden bereits bekannt ist, ändert sich der optimale Zeitpunkt der Verteilung. Die Autoren stellten fest, dass auch bei reifen Produkten eine Verteilung im Rahmen von Sampling noch zu Absatzsteigerungen führen kann, indem es dem Vergessen des Produkts entgegengewirkt (Heiman et al. 2001, S. 542 f.). Neben dem optimalen Zeitpunkt des Samplings muss auch der Zeitraum der Durchführung festgelegt werden. Cheng und Liu (2012, S. 503) stellen in ihrer Studie zum optimalen Zeitraum fest, dass dieser von mehreren Faktoren abhängig ist. Dabei gilt es, die Funktionalität der Warenprobe, die Wahrnehmung seitens des Konsumenten und die aggregierten Kosten zu beachten. Somit ist es schwierig, den Zeitraum von vorneherein festzulegen (Cheng/Liu 2012, S. 503).

2.1.3.3 Wirkungsweisen von Online-Produkttests

Nur wenige Studien beschäftigten sich bereits mit den Wirkungsweisen von Online-Produkttests. Tabelle 2.3 stellt die Studien mit ihren untersuchten Variablen und Effekten vor.

Tabelle 2.3 Literaturübersicht Online Produkttests

Studie	Untersuchte Variablen/Kontexte					Methode	Effekte von/auf		Ergebnisse
	Unabhängige	Abhängige	Mechanismen	Kontextvariablen	Kontext		Akzeptierte Tester	Abgelehnte Tester	
Yao et al. (2017)	Produkttest	Absatz	Unsicherheit mit Produkt Produktqualität	Markenbekanntheit, Preis, Produktart, Anzahl Produkte, Anzahl Bewerber	Verschiedene Produktarten eines Onlinehändlers (u. a. Haushalt, Kleidung, Elektronik)	Feldstudie	Positive Effekte auf den Absatz durch akzeptierte Tester		Online-Produkttests konnten den Verkauf physischer Produkte steigern. Bekannte Marken erzielen größere Vorteile in Bezug auf die Steigerung der unmittelbaren und späteren Verkäufe.
Zhang/ Go/Lin (2017)	Art des Testproduktes	Absatz anderer Produkte beim gleichen Verkäufer Absatz des gleichen Testprodukts bei anderem Verkäufer		Produktart	Testprodukte aus 100 Kategorien auf einer Produkttester-Community-Seite	Feldstudie	Positive Effekte auf den Absatz durch akzeptierte Tester, abhängig von Produktart		Produkttest eines Suchgutes erhöht die Verkaufsmenge anderer Produkte beim gleichen Verkäufer. Für das Testen von Erlebnisgütern gibt es ladenübergreifende Spillover-Effekte, die den Absatz desselben Produkts bei einem anderen Verkäufer erhöhen.

(Fortsetzung)

Tabelle 2.3 (Fortsetzung)

Studie	Untersuchte Variablen/Kontexte					Methode	Effekte von/auf		Ergebnisse
	Unabhängige	Abhängige	Mechanismen	Kontextvariablen	Kontext		Akzeptierte Tester	Abgelehnte Tester	
Garnefeld et al. (2021)	Akzeptanz von Produkttestern	Reviewrating Reviewqualität	Ungleichheit Druck	Preis, Produktkomplexität, Anzahl Reviews	Physische Produkte aus 13 Kategorien (u. a. Bücher, Elektronik, Spielzeug)	Qualitative Interviews, Experimente, Feldstudie	Positive Effekte auf das Reviewrating und die Qualität der akzeptierten Tester abhängig vom Preis, Anzahl und Komplexität		Produkttests erhöhen das Reviewrating unter gewissen Bedingungen.

Quelle: Eigene Darstellung.

Bisher publizierte Studien zu Online-Produkttests konzentrieren sich auf die positiven Effekte akzeptierter Tester. Yao et al. (2017, S. 609) zeigen, dass Online-Produkttests den Absatz steigern können. Das untersuchte Produkttester-Programm wurde online auf der Webseite des Unternehmens veröffentlicht. Im Zeitraum von einer Woche konnten sich die Kunden für den Produkttest bewerben und es wurden Tester ausgewählt. Nach Beendigung der Testphase wurden die Tester aufgefordert, Feedback abzugeben. Yao und Kollegen (2017, S. 609) stellen fest, dass entgegen deren Vermutungen Online-Produkttester-Programme mit physischen Produkten für bekannte Marken förderlicher waren als für unbekanntere Marken. Im Vorfeld der Studie vermuteten die Autoren, dass Online-Produkttester-Programme vor allem unbekannten Marken helfen können, die vorab größere Unsicherheit der Kunden gegenüber der unbekannten Marke zu reduzieren. Ein möglicher Grund für den Erfolg bekannter Marken ist, dass bekannte Marken online mehr Aufmerksamkeit erhalten und interessanter für die Konsumenten sind. Somit ist auch der Produkttest dieser Produkte für die Konsumenten interessanter und es bewerben sich mehr Personen. Das Ergebnis wird davon untermauert, dass Unternehmen bekannter Marken sowohl einen direkten als auch einen langfristigen Einfluss auf den Absatz bemerken. Unbekannte Marken hingegen verzeichnen mit dem Online-Produkttester-Programm lediglich einen langfristigen Einfluss, der jedoch deutlich stärker bei bekannten als bei unbekannten Marken ausfällt. Zusammengefasst bedeutet dies, dass die Inszenierung eines Online-Produkttester-Programms mit Bewerbungsphase für bekannte Marken einen auffälligen Werbecharakter hat und die Unternehmen sowohl kurz- als auch langfristig profitieren können (Yao et al. 2017, S. 609).

Zhang, Go und Lin (2017, S. 1 ff.) konzentrieren sich ebenfalls auf die positiven Effekte akzeptierter Tester auf den Absatz. In ihrer Studie nutzten sie Felddaten der größten Online-Produkttester-Agentur in China und analysierten Produkttests von 254 Herstellern und Händlern in etwa 100 verschiedenen Produktkategorien. Die Tester konnten sich für die einzelne Produkttests bewerben und nach erfolgreicher Bewerbung das Produkt kostenfrei testen. Die ausgefüllten Bewertungen wurden dann auf den einzelnen Webseiten der Hersteller und Händler veröffentlicht. Bei der Analyse der einzelnen Produktkategorien wurde ersichtlich, dass die Steigerung des Absatzes von der Produktart abhängig ist. Produkttests von Suchgütern erhöhen die Verkaufsmenge anderer Produkte beim gleichen Verkäufer. Für das Testen von Erlebnisgütern gibt es ladenübergreifende Spillover-Effekte, die den Absatz desselben Produktes bei einem anderen Verkäufer erhöhen. Somit sollten sich je nach Zielsetzung die Unternehmen überlegen, welche Produkte sie als Testprodukte anbieten (Zhang/Go/Lin 2017, S. 1 ff.).

Garnefeld et al. (2021, S. 716 f.) beschäftigen sich mit den Auswirkungen von akzeptierten Testern in Online-Produkttester-Programmen auf die Online-Review-Abgabe. Da Produkttester-Programme damit einhergehen, dass der Produkttester als Gegenleistung Feedback, z. B. in Form eines Reviews abgeben muss, sind Produkttests eine effektive Methode zur Steigerung der Anzahl an Online-Reviews. Die Autoren untersuchten u. a. 200 000 Online-Reviews von Produkttestern und es wurde deutlich, dass Produkttester nicht automatisch qualitativ bessere Reviews oder Online-Reviews mit einer höheren Sternebewertung schreiben, sondern dass der Effekt von Online-Produkttest-Programmen auf die Online-Review-Qualität und das Online-Review-Rating vom Preis des Testproduktes, von der Produktkomplexität und von den bereits veröffentlichten Online-Reviews abhängt. Produkttester schreiben bei höherpreisigen Testprodukten, zu denen bereits viele Reviews veröffentlicht wurden, positivere Online-Reviews. Wenn ein Testprodukt hochpreisig und komplex ist, so sind die Bewertungen von den Produkttestern von höherer Qualität. Wenn allerdings bereits viele Online-Reviews zu dem Produkt veröffentlicht wurden, so investieren die Tester weniger Aufwand, was zu einer schlechteren Online-Review-Qualität führt. Somit wurde bestätigt, dass Produkttester-Programme zu einer Steigerung der Online-Review-Anzahl führen und unter Beachtung des Preises des Testprodukts, der Produktkomplexität und den bereits veröffentlichten Reviews auch die Online-Review-Qualität steigern können (Garnefeld et al. 2021, S. 716f).

Aus dem dargelegten Stand der Forschung ergibt sich bereits eine Forschungslücke: Der Stand der Forschung zu Online-Produkttester-Programmen ist aufgrund der Neuheit der Marketingmaßnahme gering. Es wurde sich bisher auf die positiven Effekte akzeptierter Produkttester in Online-Produkttester-Programmen fokussiert und die möglichen Effekte der abgelehnten Bewerber nicht untersucht. Darüber hinaus wurde in den Studien der Fokus auf die positiven Effekte gelegt und mögliche negativen Effekte für die Unternehmen außer Acht gelassen.

2.2 Absagen

Im Folgenden werden die Grundlagen der Absagen erläutert. Hierzu wird der Begriff zunächst bestimmt (**Abschnitt 2.2.1**) und anschließend wird ein Überblick über den aktuellen Stand der Forschung gegeben (**Abschnitt 2.2.2**).

2.2.1 Begriffsbestimmung

Eine Absage basiert auf der sozialen Ablehnung, die ein Mensch erleben kann. Der Mensch als soziale Spezies sieht sich in seinem Dasein bedroht, wenn er von einem anderen Individuum ignoriert, ausgegrenzt oder verstoßen wird (Leary 2001, S. 3 f.). Eine Absage in der Sozialpsychologie klar zu definieren, ist aus zwei Gründen schwierig: Erstens führt die Gegenüberstellung von Zusage bzw. Akzeptanz und Absage bzw. Ablehnung zu einer dichotomen Ansichtsweise, obwohl es, zumindest bei zwischenmenschlichen Beziehungen, auch deutliche Abstufungen in der Akzeptanz und Ablehnung gibt. Zweitens verspüren Personen auch schnell eine gewisse Art von Ablehnung, obwohl diese vielleicht vom Gegenüber nicht intendiert wurde (Leary/Twenge/Quinlivan 2006, S. 112). Leary (2001, S. 4 ff.) schlägt daher ein Kontinuum mit Abstufungen vor und definiert Ablehnung als „status of low relational evaluation in which a person does not regard his or her relationship with another individual as valuable, important, or close".

In der Beziehung einer Person mit einem Unternehmen ist die Absage meist eindeutig, da sie schriftlich oder von einem Mitarbeiter überbracht wird, und muss nicht anhand von verschiedenen Abstufungen verdeutlicht werden. Eine Person kann z. B. eine klare Absage vom Unternehmen erhalten, nachdem sie sich auf etwas beworben hat. Dies kann in verschiedenen Situationen vorkommen, z. B. bei einer Bewerbung auf eine Jobposition, bei einem Wettbewerb oder auch beim alltäglichen Versuch, ein Produkt oder eine Dienstleistung zu erwerben. Ein Unternehmen kann ebenfalls Bewerber im Rahmen eines Produkttester-Programms eine schriftliche Absage schicken.

Abschließend kann folgende Definition einer Absage für die Arbeit abgeleitet werden:

Eine Absage ist eine ablehnende Nachricht, nachdem eine Person Interesse an etwas Geplantem begründet hat. Diese Form der Ablehnung kann sowohl von einer anderen Person als auch von einem Unternehmen ausgehen.

2.2.2 Stand der Forschung

Absagen wurden bisher in den drei Disziplinen der Sozialpsychologie, des Personalmanagements und des Marketings untersucht. Zuerst werden die Wirkungen von Absagen in diesen drei Disziplinen beschrieben (**Abschnitt 2.2.2.1**), bevor anschließend die Einflussfaktoren auf die Wahrnehmung der Absagen in diesen Disziplinen betrachtet werden (**Abschnitt 2.2.2.2**).

2.2.2.1 Wirkungsweisen von Absagen

Absagen sind im Alltag weit verbreitet, obwohl der Mensch eine soziale Spezies ist, die evolutionär bedingt eine starke Abneigung gegenüber Ablehnungen besitzt (Leary 2001, S. 3 f.). Die **sozialpsychologische** Grundlagenforschung beschäftigte sich vor allem mit den Fragen, was zwischenmenschliche Ablehnung ist und was die Ablehnung mit der abgelehnten Person macht (Leary 2001; Williams/Zadro 2001). Diese Vielzahl an Studien konzentriert sich auf die Beziehung zwischen zwei Personen. Innerhalb der Forschung werden die Konsequenzen einer Absage für eine Beziehung zwischen einer Person und einem Unternehmen überwiegend im Kontext des **Personalmanagements** betrachtet. Die Erkenntnisse über Absagen in dieser wissenschaftlichen Disziplin lassen sich jedoch nur bedingt auf den Marketingkontext übertragen. Es gibt nur wenige Untersuchungen zu Absagen im **Marketingkontext,** und keine, die Absagen in Produkttester-Programmen analysiert.

Die Wirkung von Absagen und Ablehnung in zwischenmenschlichen Beziehungen wurde bereits umfassend in der **Sozialpsychologie** untersucht. Die Sozialpsychologie analysiert hauptsächlich die inneren Zustände nach einer so genannten „social exclusion“ oder „ostracism“ (soziale Ausgrenzung) (Leary 2001, S. 5 f.). Ostracism ist das Extrem der Ablehnung. In diesem Fall lehnt eine Person bewusst den Kontakt zu einer anderen Person ab (z. B., wenn eine Person aufgefordert wird, eine Veranstaltung zu verlassen oder aus einer Organisation ausgeschlossen wird). Soziale Ausgrenzung als weniger extreme Form äußert sich darin, dass eine Person ignoriert und Interaktionen vermieden werden, die Anwesenheit des anderen aber weiterhin toleriert wird (Leary 2001, S. 5 f.; Wesselmann/Williams 2017, S. 694). Eine Absage in einer zwischenmenschlichen Beziehung hat hauptsächlich negative Auswirkungen für die abgelehnte Person. Allerdings gibt es auch wenige positive Auswirkungen, die nach einer Absage auftreten können. Abbildung 2.2 gibt einen Überblick über die möglichen Wirkungsweisen.

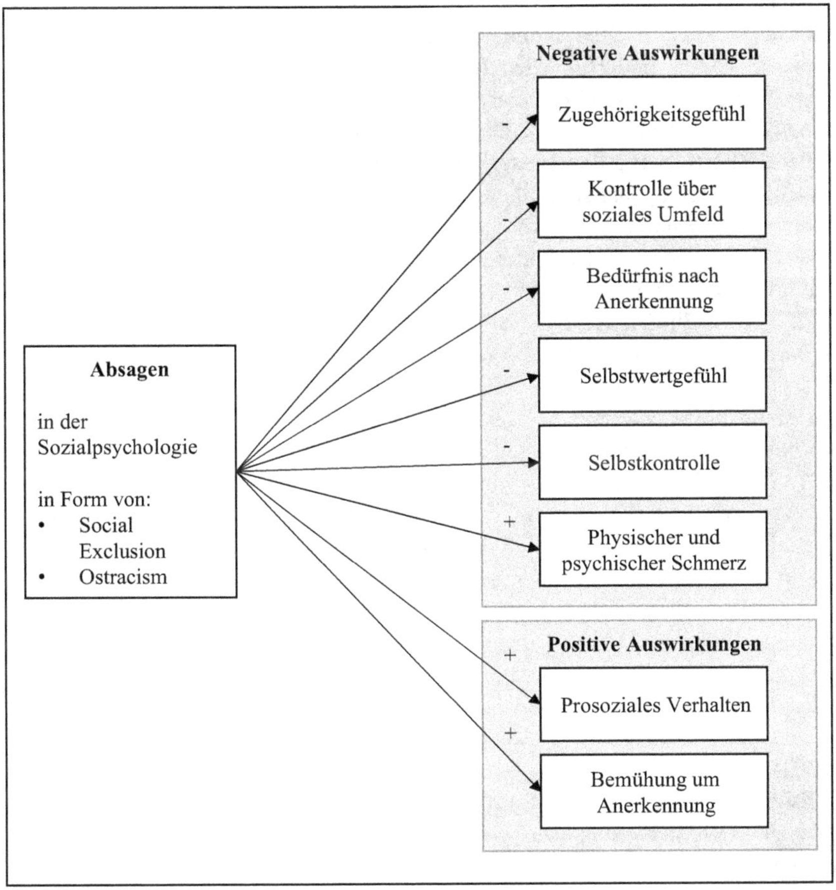

Abbildung 2.2 Auswirkungen von Absagen in der Sozialpsychologie. (Quelle: Eigene Darstellung)

Die bewusste Ausgrenzung einer Person (Ostracism) oder das Ignorieren einer Person (Social Exclusion) führt dazu, dass vier grundlegende Sozialbedürfnisse eines Menschen verletzt werden: erstens das Bedürfnis nach Zugehörigkeit, zweitens das Bedürfnis nach Kontrolle, drittens das Bedürfnis nach Anerkennung und viertens das Bedürfnis nach einem hohen Selbstwertgefühl. Dieses Bedürfnis nach Zugehörigkeit ist evolutionär bedingt. Nur aufgrund der Zugehörigkeit zu einer Gruppe konnten Menschen überleben und ihr Fortbestehen sichern (Ainsworth 1989, S. 709; Baumeister/Leary, 1995, S. 499). Somit haben Menschen ein starkes Bedürfnis nach Akzeptanz und sozialen Beziehungen, das von einer Absage bedroht wird (Leary 2001, S. 3 f.; Wesselmann/Williams 2017, S. 694). Eine Absage führt zu einer Reduzierung des Zugehörigkeitsgefühls (Adler 1930, S. 5 ff.; Baumeister/Leary 1995, S. 502 f.; Williams/Zadro 2001, S. 48). Gleichzeitig haben Williams und Kollegen (2001, S. 34 ff.) mit einigen Studien bewiesen, dass eine Absage zu einer Reduzierung des Gefühls von Kontrolle über das soziale Umfeld führen kann. Für Personen ist es wichtig, das Umfeld zu verstehen und andere beeinflussen zu können (Wesselmann/Williams 2017, S. 694; Burger, 1992, S. 7; Peterson/Seligman 1984, S. 369 ff.).

Darüber hinaus werden bei einer Absage das Bedürfnis nach Anerkennung missachtet und das Selbstwertgefühl reduziert. Dies ist darauf zurückzuführen, dass eine Absage mit einer Art Bestrafung assoziiert wird. Sie geht einher mit der impliziten Anschuldigung, dass die Person etwas falsch gemacht hat (Williams 2001, S. 61). Eine Kritik wird somit ebenfalls schnell als Ablehnung gewertet und verringert das Selbstwertgefühl (Leary/Twenge/Quinlivan 2006, S. 125). Zudem führt eine Absage auch zu einer Abnahme der Selbstkontrolle. Eine abgelehnte Person hat weniger kognitive Ressourcen, um ihr Handeln zu überdenken, und handelt meist impulsiv (Muraven/Tice/Baumeister 1998, S. 786 f.; Leary/Twenge/Quinlivan 2006, S. 128). All diese Auswirkungen gehen mit negativen Emotionen, wie Traurigkeit, Angst, Ärger oder Wut (Williams/Zadro 2001, S. 30 f.), einher. Jene Emotionen können bei der Person psychischen Schmerz auslösen, der dem physischen Schmerz stark ähnelt (Eisenberger/Lieberman/Williams 2003, S. 292).

Es gibt aber auch wenige positive Wirkungsweisen von Absagen. Eine Absage führt zu einer Steigerung des prosozialen Verhaltens, d. h. die Person verhält sich nach sozialen Wünschen, um von anderen Personen akzeptiert zu werden. Diese Bemühungen um Anerkennung werden unternommen, um die Zugehörigkeit zur Gruppe wiederherzustellen (Baumeister/Leary 1995 S. 502; Leary/Twenge/Quinlivan 2006, S. 112; Williams/Zadro 2001, S. 48 f.). Personen neigen dann dazu, sich z. B. bei einer Gruppenarbeit stärker einzubringen (Williams/Sommer 1997 S. 702), oder versuchen, aktiv eine Beziehung zu stärken (Gonzaga et al. 2001, S. 258 f.; Williams/Zadro 2001, S. 48 f.).

Der größte Teil der betriebswirtschaftlichen Literatur über Absagen bezieht sich auf das **Personalmanagement** und analysiert Absagen im Job-Bewerbungs-Kontext. Bei einem Personalauswahlverfahren handelt es sich um einen standardisierten Prozess, bei dem die Absagen vom Unternehmen ausgesprochen werden und im Idealfall auf den Fähigkeiten und Persönlichkeitsmerkmalen der Bewerber beruhen. Auch in dieser Disziplin treten sowohl primär negative als auch eine positive Auswirkung auf. Abbildung 2.3 gibt einen Überblick über die möglichen Auswirkungen von Absagen im Personalmanagement.

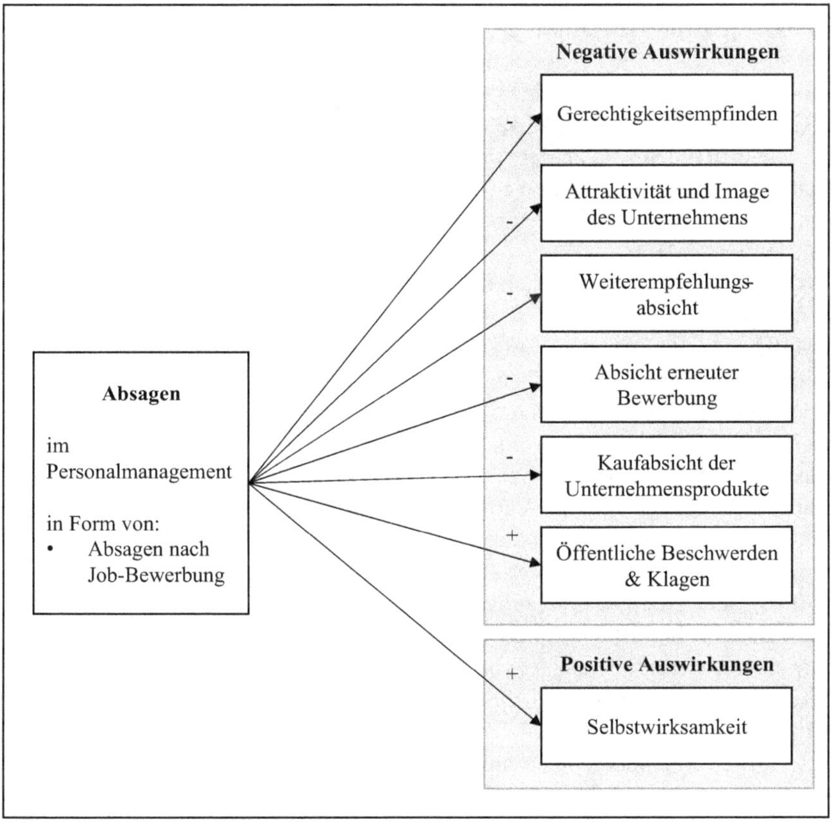

Abbildung 2.3 Auswirkungen von Absagen im Personalmanagement. (Quelle: Eigene Darstellung)

Besonders wichtige Aspekte, die letztendlich bestimmen, wie sich Absagen im Personalmanagement auswirken, sind die wahrgenommene Fairness und die organisatorische Gerechtigkeit gegenüber dem abgelehnten Bewerber (Ambrose/

Cropanzano 2003, S. 272; Bauer et al. 1998, S. 900; Gilliland 1993, S. 728; Walker et al. 2015, S. 999). Nach Gilliland (1993, S. 716) hängen die Konsequenzen einer Absage stark von den Erwartungen der Bewerber ab. Eine Absage kann die empfundene Gerechtigkeit reduzieren, wenn der Bewerber glaubt, dass er über die für die Stelle erforderlichen Fähigkeiten und die Persönlichkeit verfügt, und trotzdem abgelehnt wird. Insbesondere die vom abgelehnten Bewerber wahrgenommene prozedurale Fairness als Teil der Gesamtfairness spielt eine Rolle, denn sie beeinflusst, ob der Bewerber die Absage auf sich selbst oder auf das Unternehmen zurückführt (Gilliland 1993, S. 698 f.; Horvath/Ryan/Stierwart 2000, S. 325 f.; Ployhart/Ryan 1997, S. 327 f.). Gibt ein abgelehnter Bewerber dem Unternehmen die Schuld an der Absage, kann dies negative Folgen für das Unternehmen haben, wie z. B. eine geringere Attraktivität und ein schlechteres Image (Bauer et al. 1998, S. 900; Feinberg/Meoli-Stanton/Gable 1996, S. 70; Smither et al. 1993, S. 72).

Abgelehnte Bewerber bewerten das Unternehmen und den Auswahlprozess als weniger positiv (Bauer et al. 1998, S. 900). Hinzu kommt, dass abgelehnte Bewerber eine geringe Weiterempfehlungsbereitschaft (Gilliland 1993, S. 698f; Smither et al. 1993, S. 72, Ployhart/Ryan 1997, S. 327 f.) zeigen und ebenfalls eine geringere Bereitschaft haben, das Unternehmen ein weiteres Mal zu kontaktieren und sich erneut zu bewerben (Feinberg/Meoli-Stanton/Gable 1996, S. 70; Hausknecht/Day/Thomas 2004, S. 640). Darüber hinaus ist es möglich, dass abgelehnte Bewerber den Kontakt zum Unternehmen gänzlich vermeiden und somit auch die Kaufabsicht für Produkte des Unternehmens abnimmt (Hausknecht/Day/Thomas 2004, S. 640, Macan et al. 1994, S. 733). Smither und Kollegen (1993, S. 70 ff.) stellen klar, dass öffentliche Beschwerden zunehmen können, wenn ein Unternehmen eine offensichtlich nicht gerechtfertigte oder auf einem unfairen Auswahlprozess basierende Absage erteilt. In einigen schwerwiegenden Fällen sind abgelehnte Bewerber auch zu rechtlichen Klagen bereit (Smither et al. 1993, S. 70 ff.).

Schafft es ein Unternehmen hingegen einen fairen Auswahlprozess zu gestalten, so kann die Absage das Verhalten der abgelehnten Bewerber positiv beeinflussen. Der abgelehnte Bewerber bezieht dann die Absage auf sich selbst, nicht auf das Unternehmen und seine Selbstwirksamkeit kann gesteigert werden. Ein fairer Auswahlprozess kann gelingen, wenn das Unternehmen dem Bewerber z. B. ein gutes Feedback gibt und seine Leistungen adäquat einschätzt (Gilliland 1993, S. 725; Bauer et al. 1998, S. 900; Müller/Moser 2006, S. 352; Ployhart/Ryan 1997, S. 331).

Absagen im **Marketing** wurden bisher in drei Formen untersucht: Bei diesen drei Arten handelt es sich erstens um **Stockouts**, die Nichtverfügbarkeit bzw.

Verweigerung von Produkten sowie analog dazu im Dienstleistungssektor um die Verweigerung von Dienstleistungen, zweitens um die **Absage von Verbraucherideen** im Bereich von Co-Creation und drittens um das **Verlieren bei einem Wettbewerb oder einem Spiel**. Die offensichtlichste und häufigste Ablehnungssituation im Marketingkontext ist, wenn den Verbrauchern ein Produkt oder eine Dienstleistung vorenthalten wird. **Stockouts** – wenn ein physisches Produkt nicht in der gewünschten Form, Geschmacksrichtung oder Größe, nicht in verkaufsfähigem Zustand oder nicht am erwarteten Ort vorrätig ist (Sanchez-Ruiz/Blanco/Kyguolienė, 2018, S. 103) – sind ein häufiges Phänomen. Der Bewerber erhält in diesem Fall entweder eine Absage, die nicht speziell gegen seine Person gerichtet ist, sondern lediglich mit der Nicht-Verfügbarkeit begründet wird, oder das Unternehmen wählt bei Knappheit z. B. aufgrund des Kundenstatus aus, welcher Konsument noch ein Produkt oder die Dienstleistung erhält. Die Reaktionen der Verbraucher auf eine Verknappung wurden eingehend analysiert (Ge/Messinger/Li 2009, S. 274 ff.; Wangenheim/Bayón 2007, S. 36 ff.; Helm/Hegenbart/Endres 2013, S. 223 ff.).

Eine weitere Situation im Marketingkontext, in der Absagen verteilt werden, sind **abgelehnte persönliche Ideen** im Rahmen der Co-Creation. Das Teilen von Ideen seitens der Verbraucher ist ein Marketinginstrument, das von vielen Unternehmen genutzt wird. Die Verbraucher liefern den Unternehmen Ideen zur Verbesserung ihrer Produkte oder Dienstleistungen. Die Chance, mit seinen Ideen von einem Unternehmen abgelehnt zu werden, ist mit einer Quote von 98 % sehr hoch (Fombelle/Bone/Lemon 2016, S. 685). Aufgrund dieser hohen Quote sind die Erwartungen der Bewerber in der Regel gering, dafür sind die negativen Folgen umso stärker, da sich die Absage wiederum persönlich gegen den Bewerber und seine Idee richtet und der Bewerber den Grund für die Absage eindeutig sich selbst zuschreibt.

Eine dritte Situation, in der es zu Absagen kommt, sind von Unternehmen veranstaltete **Wettbewerbe oder Gewinnspiele**, bei denen in der Regel nicht alle Verbraucher gewinnen können (Kalra/Shi 2010, S. 287). Die meisten Verbraucher, die an Gewinnspielen teilnehmen, verlieren und erhalten eine (implizite) Absage. Im Vergleich zu Ideenwettbewerben geht die Bewerbung für ein Gewinnspiel meist deutlich schneller und der Bewerber investiert nicht viel Zeit und Aufwand in die Bewerbung. Häufig müssen lediglich die Kontaktdaten angegeben werden, sodass dem abgelehnten Bewerber klar ist, der Grund für die Absage liegt nicht in seiner Person, sondern er hatte nur Pech bei der Auslosung. Auch im Marketingkontext treten sowohl primär negative als auch vereinzelte positive Auswirkungen auf. In dieser Dimension lassen sich sowohl personenbezogene als auch unternehmensbezogene Auswirkungen feststellen. Abbildung 2.4 gibt einen Überblick über die möglichen Auswirkungen von Absagen im Marketing.

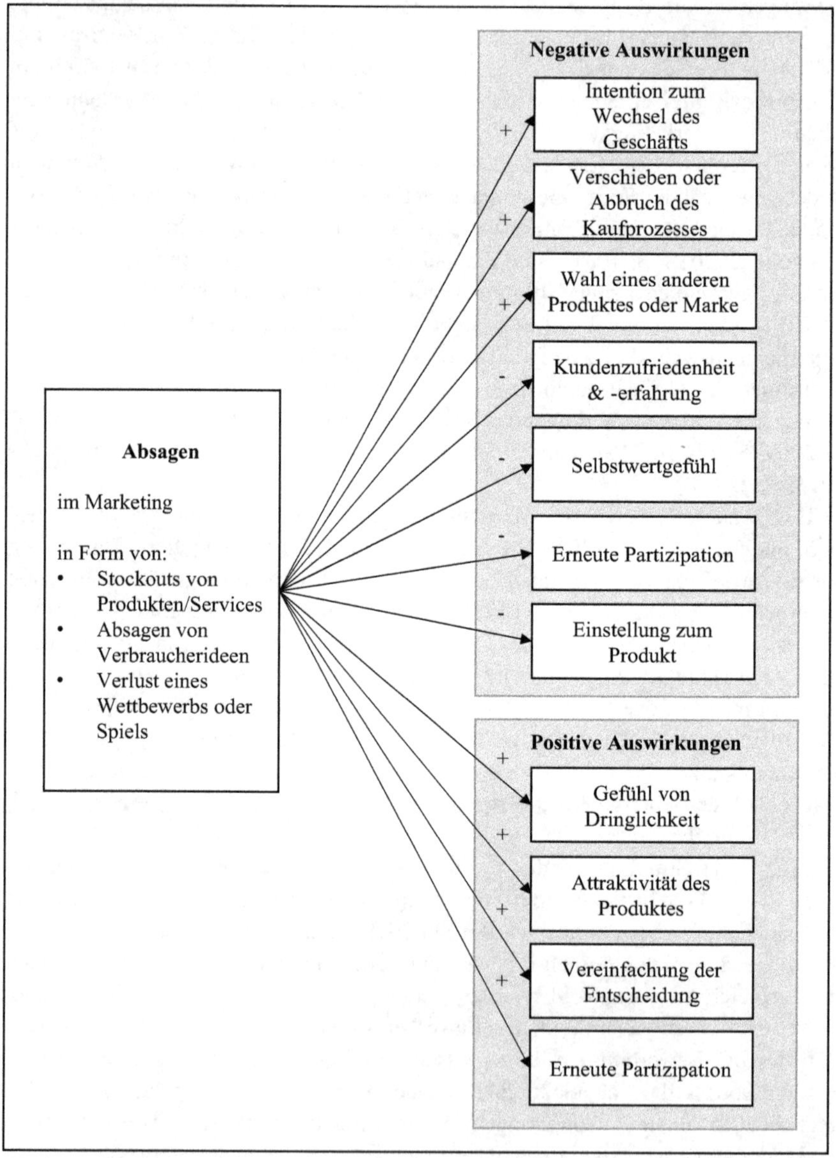

Abbildung 2.4 Auswirkungen von Absagen im Marketing. (Quelle: Eigene Darstellung)

Helm, Hegenbart und Endres (2013, S. 239) fassen in ihrer Studie die umfangreiche Forschung zu Stockouts zusammen, indem sie die fünf am häufigsten untersuchten Verbraucherreaktionen auf Stockouts (Geschäftswechsel, Aufschub und Abbruch des Kaufprozesses, Artikelwechsel, Markenwechsel) genauer analysieren. Die meisten Konsumenten wechseln das Geschäft, wenn ein Produkt ausverkauft ist (41,5 %), andere verschieben den Kauf auf einen späteren Zeitpunkt (22 %), wählen einen anderen Artikel (18,1 %), brechen den Kauf gänzlich ab (12,2 %) oder wechseln die Marke (6,3 %). Schafft es das Unternehmen, den Kunden trotz des Aufschubs des Einkaufs oder der Wahl eines anderen Artikels nicht an die Konkurrenz zu verlieren, so entstehen keine negativen Konsequenzen für das Unternehmen. Wandert der Kunde allerdings ab, indem er seinen Einkauf komplett abbricht oder eine andere Marke wählt, so hat die Absage aufgrund des Einnahmeverlusts negative Auswirkungen (Helm/Hegenbart/Endres 2013, S. 239). Für das Unternehmen kann die Absage des Kunden allerdings auch zu positiven Auswirkungen führen, denn ein Stockout kann beim Kunden ein Gefühl von Dringlichkeit hervorrufen und die Attraktivität des Produktes steigern (Ge/Messinger/Li 2009, S. 284 f.). Für den Konsumenten sind Stockouts meist eine unerfreuliche Situation, in der er sich kurzfristig umentscheiden muss, was zu Unzufriedenheit führen kann. Vereinfacht nun allerdings ein Stockout den Entscheidungsprozess für den Kunden, da weniger Produkte zur Auswahl stehen, so kann der Stockout auch positive Auswirkungen für die Person haben. Dadurch kann das Zufriedenheitslevel des Kunden ansteigen (Fitzsimons 2000, S. 264).

Die begrenzte Anzahl an Studien zur Absage von Verbraucherideen zeigt, dass Verbraucher auf eine abgelehnte Idee mit einem verschlechterten Selbstwertgefühl und damit einhergehend mit einer Verringerung der zukünftigen Partizipation reagieren können (Fombelle/Bone/Lemon 2016, S. 685; Piezunka/Dahlander 2019, S. 521). Fombelle und Kollegen (2016, S. 686) verdeutlichen, dass die Absage einer Verbraucheridee die zukünftige Partizipation um 59 % senkt. Dies ist damit zu erklären, dass die Absage einer Verbraucheridee aufgrund des persönlichen Bezugs, den die Person zu ihrer eingereichten Idee hat, ihr das Gefühl gibt, als würde sie selbst abgelehnt werden (Fombelle/Bone/Lemon 2016, S. 686). Empfindet die abgelehnte Person die Absage allerdings als wertschätzend, kann auch in diesem Kontext, ähnlich wie beim Personalmanagement, die Absage als eine Art von Feedback aufgefasst werden. Signalisiert das Unternehmen mit der Absage, dass es an einer weiteren Zusammenarbeit interessiert ist, kann dies zu einer Steigerung der zukünftigen Kundenpartizipation führen (Fombelle/Bone/Lemon 2016, S. 686, 701, Piezunka/Dahlander 2019, S. 521).

Bei der Teilnahme an Wettbewerben und Gewinnspielen erhalten die Bewerber häufig eine implizite Absage. Diese ist zwar nicht klar formuliert, aber dennoch wird die Person abgelehnt. Eine solche Art der Absage kann negative Folgen für die ablehnenden Unternehmen haben. Ward, Hill und Gardner (1988, S. 139) untersuchen, dass Verlierer eine weniger positive Einstellung gegenüber dem beworbenen Produkt und dem Spiel haben als Gewinner und die Partizipationswahrscheinlichkeit nach einer Absage sinkt (Ward/Hill/Gardner 1988, S. 139). Ein weiterer negativer Effekt, der von Leclercq, Hammedi und Poncin (2018, S. 93) festgestellt wurde, ist die verschlechterte Kundenerfahrung.

Insbesondere bei jenen Auswirkungen, wie z. B. bei der Veränderung der Selbstwirksamkeit und dem Selbstwertgefühl nach einer Absage, ist ersichtlich, dass die Auswirkungen von Moderatoren, wie z. B. der Durchführung des Auswahlprozesses oder der Übermittlung der Absage, abhängig sind. Somit können die Auswirkungen je nach Situation negativ oder positiv für die abgelehnte Person oder das ablehnende Unternehmen sein. Aus diesem Grund werden diese Einflussfaktoren auch in Abschnitt 2.2.2.2 näher betrachtet.

2.2.2.2 Einflussfaktoren auf die Wirkung von Absagen

Bei Betrachtung der Wirkungen von Absagen in den drei Disziplinen der Sozialpsychologie, dem Personalmanagement und im Marketing ist aufgefallen, dass einige Auswirkungen sowohl negativ als auch positiv beurteilt werden können. Dies ist u. a. der Fall, da in den Situationen noch moderierende Einflüsse wirken können. Abbildung 2.5 gibt einen Überblick über die untersuchten Einflussfaktoren auf die Wahrnehmung einer Absage in der Sozialpsychologie.

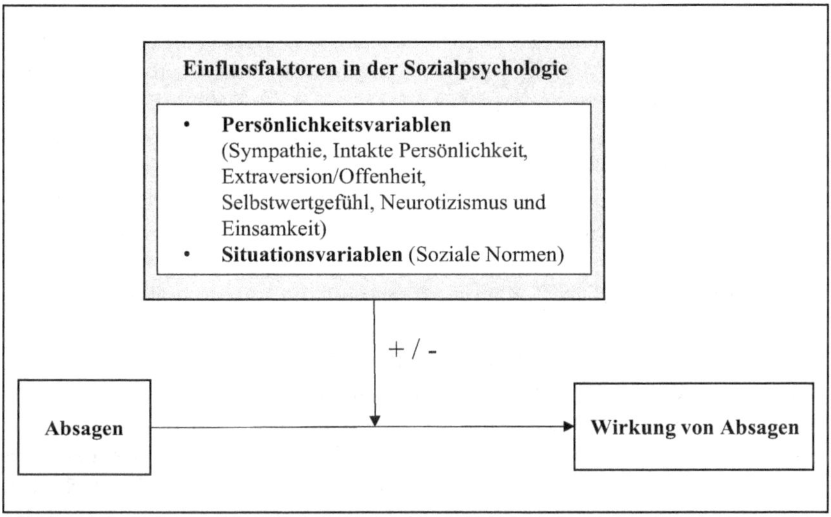

Abbildung 2.5 Mögliche Einflussfaktoren auf die Wahrnehmung von Absagen in der Sozialpsychologie. (Quelle: Eigene Darstellung)

In der Sozialpsychologie gibt es zwei konträre Meinungsbilder über die Einflussfaktoren von Absagen auf die Wahrnehmung. McDonald und Donellan (2012, S. 617) vertreten grundsätzlich die Ansicht, dass bei einer extremen Form der Ablehnung (Ostracism) alle Menschen nahezu gleich reagieren und die negativen Effekte bei starker Ablehnung resistent gegenüber moderierenden individuellen Differenzen sind. Auch Williams, Cheung und Choi (2000, S. 759) bestätigten, dass bei starker Ablehnung persönliche oder situationsbedingte Faktoren keinen Einfluss haben. Weitere Autoren vertreten die Meinung, dass Persönlichkeitsvariablen, wie das Geschlecht der Personen, Einsamkeitsempfinden, Bedürfnis nach Zugehörigkeit und soziale Ängste, ebenfalls nicht als Moderatoren betrachtet werden sollten (Williams/Cheung/Choi 2000, S. 759; Wirth/Lynam/Williams 2010, S. 400).

Gleichzeitig wird in einigen Studien der Einfluss von **Persönlichkeitsvariablen** auf die Wahrnehmung bestätigt. McDonald und Donnellan (2012, S. 617) zeigen, dass Personen, die ein geringes Sympathieempfinden aufweisen, weniger stark auf die Ausgrenzung seitens anderer Personen reagieren. Wirth, Lynam und Williams (2010, S. 400) schauten sich verschiedene Persönlichkeiten genauer an und stellten fest, dass Personen mit einer starken Persönlichkeitsstörung eine Absage weniger stark zusetzt als einer Person mit intakter Persönlichkeit. Bei dem bestätigten Zusammenhang von gestörter Persönlichkeit handelte es sich um Personen mit Paranoia und Schizophrenie. Sympathie und Extraversion einer Person konnten erneut als mögliche Einflussfaktoren bestätigt werden und die negativen Auswirkungen einer Absage vermindern.

Eine weitere Persönlichkeitsvariable, die die Wahrnehmung einer Absage beeinflusst, ist das Selbstwertgefühl. Personen mit einem geringen Selbstwertgefühl reagieren schneller auf Absagen als Personen mit einem hohen Selbstwertgefühl. Der aus der Absage resultierende Schmerz ist somit für Personen mit geringem Selbstwertgefühl schlimmer (Wirth/Lynam/Williams 2010, S. 400; Onoda et al. 2010, S. 389). Auch neurotische, einsame Personen reagieren emotional besonders stark auf eine Absage (Boyes/French 2009, S. 397, Wesselmann et al. 2012, S. 585f). Rudert und Greifeneder (2016, S. 966) liefern einen neuen Ansatz, untersuchen die **Situation**, in der eine Person abgelehnt wird, und bestätigen soziale Normen als moderierenden Einflussfaktor auf die Wahrnehmung. Eine soziale Norm hilft der abgelehnten Person zu entscheiden, auf welcher Grundlage die Absage erteilt wird (Rudert/Greifeneder 2016, S. 966).

Auch im Personalmanagement können die Wirkungen von moderierenden Einflussfaktoren abhängig sein. Abbildung 2.6 stellt die untersuchten Einflussfaktoren zusammen.

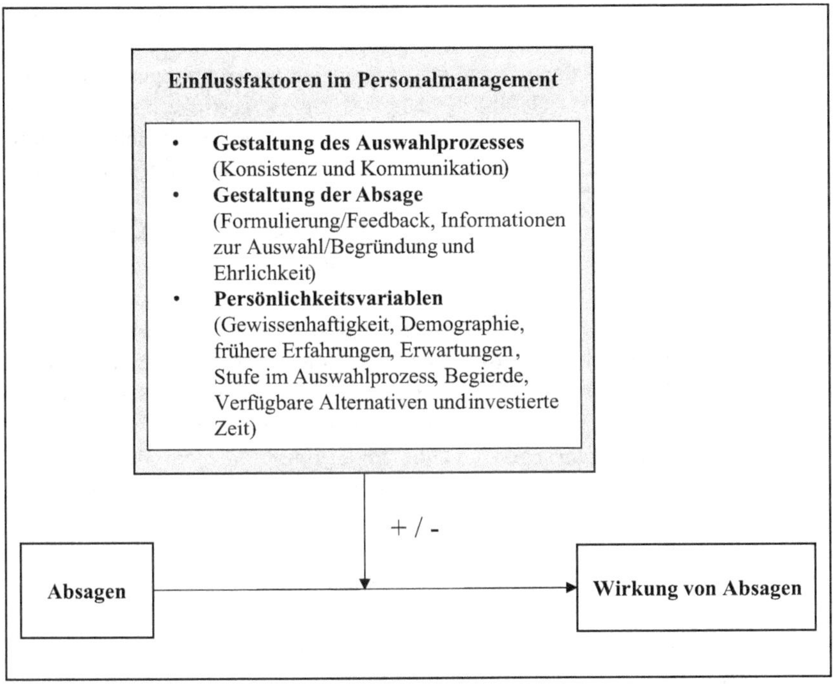

Abbildung 2.6 Mögliche Einflussfaktoren auf die Wahrnehmung von Absagen im Personalmanagement. (Quelle: Eigene Darstellung)

Im Personalmanagement betrachtet Gilliland (1993, S. 700 ff.) die Reaktionen eines Bewerbers in einem Job-Auswahl-Prozess. Er untersucht sowohl die akzeptierten als auch die abgelehnten Bewerber und inkludiert verschiedene Einflussfaktoren auf die Wahrnehmung einer Absage in sein Modell. Von besonderer Bedeutung sind die korrekte Durchführung und **Gestaltung des Auswahlprozesses**. Dabei muss der Auswahlprozess konsistent und auch nachvollziehbar sein, damit er als fair empfunden wird. Nach Abschluss des Auswahlprozesses ist die **Gestaltung der Absage** ebenfalls von großer Bedeutung. Eine Absage sollte in einer wertschätzenden Feedbackform formuliert und dem Bewerber sollten keine wichtigen Informationen vorenthalten werden. Diese Meinung vertreten auch Feinberg, Meoli-Stanton und Gable (1996, S. 63). Die Formulierung der Absage hat direkten Einfluss auf das Image des Unternehmens, das Selbstwertgefühl der Bewerber und das zukünftiges Bewerberverhalten. Wenn ein Unternehmen darüber hinaus in der Absage über die Gründe der Absage in einer angemessenen und ehrlichen Art und Weise informiert, so wird diese Absage positiver wahrgenommen als eine Standardantwort. Angemessene Erklärungen in Absageschreiben können etwa das Gefühl der Ungerechtigkeit verringern und negative Gefühle gegenüber dem ablehnenden Unternehmen auffangen (Feinberg/Meoli-Stanton/Gable 1996, S. 70; Gilliland et al. 2001, S. 698; Horvath/Ryan/Stierwalt 2000, S. 325 f.; Shapiro/Buttner/Barry 1994, S. 365 f.).

Hausknecht, Day und Thomas (2004, S. 642) fassen in ihrer Meta-Analyse u. a. die umfangreichen Untersuchungen von Gilliland (1993, S. 694 ff.) und Ryan und Ployhart (2000, S. 565 ff.) zusammen und entwickeln ein aktualisiertes Modell der Reaktionen von Bewerben im Job-Auswahl-Prozess. In diesem Modell werden zusätzlich **Persönlichkeitsvariablen** als Moderatoren aufgeführt. Neben Persönlichkeitseigenschaften, wie der Gewissenhaftigkeit einer Person, sind auch das Alter, das Geschlecht und die ethnische Herkunft relevant. Außerdem spielen frühere Erfahrungen und die Erwartungen, die ein Bewerber hat, eine entscheidende Rolle bei der Wahrnehmung einer Absage. Darüber hinaus sind auch die Stufe im Auswahlprozess, die der Bewerber zuletzt erreicht hat, die Begierde nach der Position und die verfügbaren Job-Alternativen von hoher Relevanz (Hausknecht/Day/Thomas 2014, S. 642). Ein weiterer personenbezogener Faktor, der einen Einfluss auf die Wahrnehmung der Absage aufweist, ist die investierte Zeit des Bewerbers. Laut Rafaeli (1999, S. 710) ist die investierte Zeit ein Prädikator für die Reaktion eines Bewerbers und insbesondere die passive Zeit, in der der Bewerber nichts tun kann, außer zu warten, kann sich negativ auswirken (Rafaeli 1999, S. 710).

Die untersuchten Einflussfaktoren auf die Wirkung von Absagen im Marketingkontext sind in Abbildung 2.7 zusammengefasst.

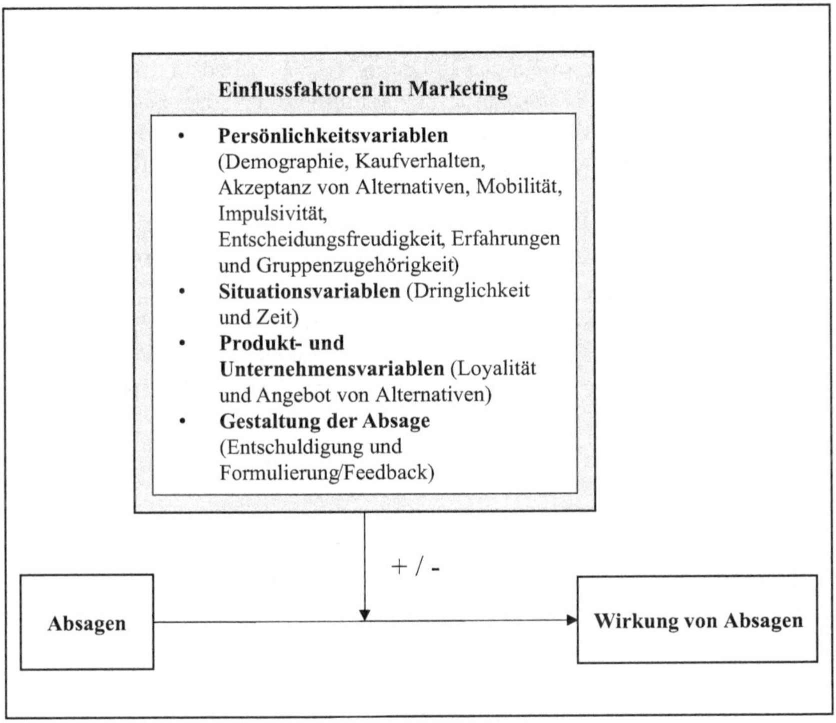

Abbildung 2.7 Mögliche Einflussfaktoren auf die Wahrnehmung von Absagen im Marketing. (Quelle: Eigene Darstellung)

Im **Marketing** beziehen sich die meisten Einflussfaktoren auf Stockouts von Produkten, da dies die am meisten erforschte Form der Absage im Marketing ist. Einen Überblick verschafft die Studie von Helm, Hegenbart und Endres (2013, S. 228), die in ihrem Untersuchungsmodell bereits eine Vielzahl an Einflussfaktoren aufführen. Bei den **Persönlichkeitsvariablen** spielen die Demographie, das Kaufverhalten (ob hedonistischer oder utilitaristischer Natur), die Akzeptanz von Alternativen sowie die Mobilität und die Impulsivität der Person eine entscheidende Rolle für die Wahrnehmung des Stockouts. Die **situationsbezogenen** Faktoren, die die Wahrnehmung beeinflussen, sind die Dringlichkeit des Einkaufs und die Zeit, die die Person hat. Ist die Dringlichkeit hoch und die zur Verfügung stehende Zeit gering, tendiert die Person dazu, den Einkauf zu verschieben oder abzubrechen. Weist die abgelehnte Person allerdings eine hohe

Loyalität (**Unternehmensvariable**) gegenüber dem Unternehmen auf, nimmt sie die Absage nicht als so schlimm wahr und wechselt lediglich das Produkt oder kauft es zu einem späteren Zeitpunkt (Helm/Hegenbart/Endres 2013, S. 228). Auch Fitzsimons (2000, S. 264) bestätigt, dass insbesondere die persönliche Einstellung und Angebot an Alternativen und die Entscheidungsschwierigkeiten einer Person Einfluss darauf haben, ob die Person die Absage als positiv oder negativ empfindet. Wenn aufgrund des Stockouts der Person die Entscheidung erleichtert wird und sie gleichzeitig noch eine positive Einstellung zu den Alternativen besitzt, nimmt sie die Absage sogar als positiv wahr (Fitzsimons 2000, S. 264).

Bei der Absage von eingereichten Verbraucherideen gibt es drei weitere Einflussfaktoren auf die Wahrnehmung: vorherige Erfahrungen, empfundene Gruppenzugehörigkeit und das Anbieten einer Entschuldigung. Wenn ein Verbraucher bereits einmal eine Absage vom Unternehmen erhalten hat, hat dies Einfluss auf die Wahrnehmung der erneuten Absage. Schafft es das Unternehmen allerdings, unter allen Bewerbern eine hohe Gruppenzugehörigkeit zu etablieren, nimmt die abgelehnte Person die eigene Absage als weniger negativ wahr. Bietet das Unternehmen darüber hinaus eine Entschuldigung für die ablehnende Nachricht an, empfindet der abgelehnte Bewerber die Absage als weniger schlimm und die zukünftige Teilnahmeabsicht steigt (Fombelle/Sterling/Lemon 2016, S. 701). Ebenso wie im Personalmanagement kann auch im Co-Creation-Kontext die **Gestaltung der Absage** in so einer Form umgesetzt werden, dass sie vom abgelehnten Bewerber als Feedback empfunden wird. Wenn der linguistische Stil der Absage zu der eingereichten Idee passt, dann ist die Wahrscheinlichkeit am höchsten, dass der Bewerber die Absage als Form des Feedbacks und nicht als reines Ablehnungsschreiben ansieht (Piezunka/Dahlander 2019, S. 521). Auch bei der Wahrnehmung von Verlusten in Wettbewerben oder Gewinnspielen sind **persönliche** und demographische Variablen, aber vor allem die bereits gemachten Erfahrungen der abgelehnten Person wichtige Einflussfaktoren (Ward/Hill 1991, S. 70; Leclercq/Hammedi/Poncin 2018, S. 93).

Aus dem dargelegten Stand der Forschung ergibt sich wiederum eine Forschungslücke: Absagen wurden bisher in drei Disziplinen (Sozialpsychologie, Personalmanagement und Marketing) untersucht. In der Sozialpsychologie gibt es eine umfangreiche Forschungslage, die die Wirkung von zwischenmenschlicher Ablehnung untersucht. Auch im Personalmanagement sind die Wirkungsweisen von Absagen und Einflussfaktoren bereits ausgiebig erforscht. Im Marketingkontext sind lediglich zahlreiche Studien zu Absagen in Form von Stockouts vorhanden. Weitaus weniger Forschung gibt es zu den Absagen von Verbraucherideen oder in Wettbewerben und Spielen, die aufgrund ihrer Ähnlichkeit in Bezug auf ihre Dimension und ihre Charakteristika mit Absagen in Online-Produktester-Programmen allerdings die meisten Ähnlichkeiten aufweisen. Daher ist es fraglich, inwiefern die Erkenntnisse sich auch auf Online-Produkttester-Programme übertragen lassen.

2.3 Zusammenfassende Bewertung der konzeptionellen Grundlagen

Online-Produkttester-Programme sind eine noch relativ neue Marketingmaßnahme. Besonders daran ist, dass das Unternehmen Testprodukte kostenfrei oder vergünstigt an Produkttester verteilt, nachdem diese sich beim Unternehmen online beworben haben. Bei der Bewerbung müssen die Konsumenten ihre persönlichen Daten angeben und teilweise auch spezifische Angaben zu ihrer Person oder dem Haushalt machen oder in einigen Programmen sogar eine Art Motivationsschreiben verfassen. Das Unternehmen wählt die Tester aus und verschickt die Testprodukte. Dabei handelt es sich nicht um Produktproben, sondern um vollständige Produkte, die die Tester im Anschluss an den Produkttest behalten dürfen. Im Gegenzug verpflichten sie sich dazu, Feedback in Form eines ausgefüllten Fragebogens oder eines Online-Reviews an das Unternehmen zu schicken. Somit unterscheiden sich Online-Produkttester-Programme von Product-Sampling-Kampagnen, insbesondere in Durchführung, der Vollwertigkeit des Produktes und der Verpflichtung, die die Bewerber eingehen.

Die bisherige Forschung konzentriert sich größtenteils auf Product Sampling. In diesem Forschungsbereich wurden die positiven Wirkungsdimensionen bereits umfassend erforscht und die Gestaltungsmerkmale zur Optimierung einer solchen Kampagne wurden ausgiebig untersucht. Nur wenige Studien beschäftigen sich mit Online-Produkttester-Programmen (Garnefeld et al. 2021; Yao et al. 2017; Zhang/Go/Lin 2017). Die sehr limitierte Forschung in diesem Bereich konzentriert sich wiederum ausschließlich auf die positiven Auswirkungen der Programme für die Unternehmen. Darüber hinaus konzentrieren sich die Studie ausschließlich auf die akzeptierten Produkttester und gehen nicht auf die abgelehnten Bewerber ein. Somit zeigt die Bestandsaufnahme der Literatur einen Mangel in Bezug auf Erkenntnisse zu Online-Produkttester-Programmen und insbesondere auf Erkenntnisse zu abgelehnten Bewerbern.

Obwohl Absagen im Alltag weit verbreitet sind und jede Person bereits mehrfach damit konfrontiert wurde, ist die Definition einer Absage schwierig. Sie ist abhängig von der Dimension, in der sie auftritt. In der Sozialpsychologie treten Absagen in Form von Ostracism oder Social Exclusion als Ablehnung in einer zwischenmenschlichen Beziehung auf. Diese Absageformen wurden aufgrund des langjährigen Bestehens bereits umgehend mit ihren Wirkungsweisen und den dazugehörigen Einflussfaktoren untersucht. Auch im Personalmanagement treten Absagen in Form von Ablehnungen nach einer Job-Bewerbung auf. Deren Wirkungsweisen und Einflussfaktoren wurden umfassend analysiert. Im Marketing hingegen treten Absagen in drei verschiedenen Formen auf – Stockouts, Ablehnung von Verbraucherideen und Verlust eines Wettbewerbs oder Spiels. Das am häufigsten auftretende Phänomen der Stockouts liefert die meisten Erkenntnisse in Bezug auf die Wirkungsweise einer Absage und die Einflussfaktoren auf deren Wahrnehmung. Die anderen beiden Absageformen hingegen wurden bisher nur begrenzt betrachtet. Absagen in Online-Produkttester-Programmen wurden hingegen noch nicht untersucht. Somit besteht auch hier ein Mangel an Forschungserkenntnissen. Darüber hinaus erkennen die Studien zu den Absagen in den verschiedenen Dimensionen sowohl negative als auch positive Wirkungen. Diese Wirkungsweisen sind oftmals abhängig von den Einflussfaktoren. Aufgrund des Mangels an Studien zu Absagen in Online-Produkttester-Programmen ist es daher ebenfalls fraglich, ob die Absagen negativ oder positiv auf den abgelehnten Bewerber wirken und welche Faktoren einen Einfluss ausüben.

Somit wird mit dieser Arbeit beabsichtigt, die Forschungslücke in Bezug auf Absagen in Online-Produkttester-Programmen zu schließen. Es mangelt an theoretischen Überlegungen und empirischen Untersuchungen, die die Effekte von Absagen in Online-Produkttester-Programmen untersuchen. Mit der vorliegenden Arbeit soll der Bedarf an Forschung zu den relevanten psychologischen Mechanismen aufgedeckt werden, die die Effekte einer Absage beeinflussen. Letztlich ist es sowohl für die Marketingforschung als auch für die Marketingpraxis von zentraler Bedeutung zu erfahren, wie die Absage das Verhalten der abgelehnten Bewerber verändert und unter welchen Bedingungen der Effekt einer Absage auftritt.

3 Entwicklung des Untersuchungsmodells

In diesem Kapitel wird das Untersuchungsmodell der Arbeit hergeleitet. Dafür wird zu Beginn eine explorative Interviewstudie durchgeführt. Diese soll erste Erkenntnisse zu möglichen Wirkungen von Absagen in Online-Produkttester-Programmen aufzeigen und die Hypothesenherleitung unterstützen. Zusätzlich wird dafür noch auf die Attributionstheorie und das Commitment-Consistency-Prinzip als theoretische Grundlagen zurückgegriffen. Zunächst wird die durchgeführte explorative Interviewstudie präsentiert (**Abschnitt 3.1**). Anschließend werden die theoretischen Grundlagen erläutert (**Abschnitt 3.2**), bevor die Hypothesen hergeleitet werden (**Abschnitt 3.3**).

3.1 Explorative qualitative Befragung

Um erste Kenntnisse über die Konsequenzen einer Absage in einem Produkttester-Programm für die Kaufabsicht und die Absicht, negatives WOM zu verbreiten, zu erhalten, wird eine explorative Interviewstudie durchgeführt. Diese wird, in Anlehnung an Eggert, Steinhoff und Witte (2019), zusammen mit der Attributionstheorie und dem Commitment-Consistency-Prinzip anschließend zur Entwicklung des Untersuchungsmodells genutzt. Zu Beginn wird das Studienziel (**Abschnitt 3.1.1**) und anschließend die Wahl der Untersuchungsform (**Abschnitt 3.1.2**) erläutert. Dann werden die Durchführung (**Abschnitt 3.1.3**)

Ergänzende Information Die elektronische Version dieses Kapitels enthält Zusatzmaterial, auf das über folgenden Link zugegriffen werden kann https://doi.org/10.1007/978-3-658-45383-1_3.

K. L. Küpper, *Negative und positive Effekte von Absagen in Online-Produkttester-Programmen*, Applied Marketing Science / Angewandte Marketingforschung, https://doi.org/10.1007/978-3-658-45383-1_3

und die Auswahl und Zusammensetzung der Stichprobe (**Abschnitt 3.1.4**) beschrieben. Die Ergebnisanalyse folgt zuletzt (**Abschnitt 3.1.5**).

3.1.1 Studienziel

Die explorative Interviewstudie verfolgt insgesamt drei Ziele: Zuerst soll untersucht werden, ob eine Absage in einem Produkttester-Programm das Verhalten der abgelehnten Bewerber zukünftig beeinflussen und sich somit die Beziehung zwischen Unternehmen und Bewerber verändern kann. Darüber hinaus soll herausgefunden werden, inwiefern sich die Gedanken und Gefühle der abgelehnten Bewerber verändern und sich dies in einer Einstellungs- und Verhaltensänderung äußert. Somit können sowohl mögliche negative als auch positive Konsequenzen für Unternehmen, die im Rahmen von Produkttester-Programmen Absagen verschicken, festgestellt werden. Aufgrund der offenen Befragung einer Vielzahl an Bewerbern zu verschiedenen Produkttester-Programmen und ihren Erfahrungen wird zudem ein breiter Einblick in ganz verschiedene Testprogramme ermöglicht. Dieser empirische Ansatz ist sinnvoll, da vorab vermutete Kausalzusammenhänge und Einflussfaktoren untersucht werden können (Gläser/Laudel 2010, S. 24 ff.). Mittels Kombination der Erkenntnisse aus der explorativen Studie mit den Erkenntnissen aus der Theorie lassen sich das Untersuchungsmodell und die Hypothesen anschließend gezielt aufstellen.

3.1.2 Begründung der Untersuchungsform

Zur Erlangung erster Erkenntnisse in einem weitestgehend unerforschten Untersuchungsfeld kann eine **explorative qualitative Interviewstudie** durchgeführt werden (Mayring 2023, S. 60). Exploration bedeutet „die Untersuchung eines fremden Lebensbereiches im Rahmen einer flexiblen und reflexiven Vorgehensweise, indem Ergebnisse über Einzeldaten und deren Zusammenhänge sowie die methodischen Schritte zu ihrer Gewinnung und Überprüfung ständig reflektiert und im Laufe des Untersuchungsprozesses korrigiert werden können“ (Lamnek/Krell 2016, S. 49 f.). Eine explorative Studie bietet sich daher besonders zu Beginn einer Untersuchung an, um ein erstes Verständnis der Problematik anhand von realen Daten zu erlangen (Lamnek/Krell 2016, S. 49 f.). Ziel einer explorativen Studie ist es, die Hypothesen- und Theoriebildung zu fördern und im Anschluss an die Studie den Untersuchungsgegenstand eingrenzen zu können (Döring/Bortz 2016, S. 612). Bei dieser Forschungsmethode ist es besonders wichtig, dass der Forscher vorurteilsfrei und offen agiert, indem er bereit ist, seine eigenen Konzeptionen zu überprüfen und ggf. abzuändern. Die Exploration zeichnet sich dadurch aus, dass sie an keine Technik gebunden ist und jede ethisch akzeptable Vorgehensweise einschließt (Lamnek/Krell 2016, S. 49 f.).

Häufig wird für die Exploration eine qualitative Datenerhebung gewählt, an die sich dann eine quantitative Studie anschließt. Dieser Ansatz wird Mixed-Methods-Ansatz genannt und wird auch in dieser Arbeit angewendet (Kuckartz 2014, S. 81). Bei einem Mixed-Methods-Ansatz können die Vorteile der quantitativen und der qualitativen Studie kombiniert werden und so neue Impulse für die empirische Forschung gegeben werden (Foscht/Angerer/Swoboda 2007, S. 258). Eine häufig angewendete Methode der qualitativen Analyse ist das Interview. Diese Methode bietet einige Vorteile gegenüber weiteren qualitativen Forschungsmethoden, wie z. B. der Beobachtung. Zum einen ist die Interpretation von Texten in der Forschung bereits weit fortgeschritten, zum anderen sind die Informationen aus Interviews unverzerrt-authentisch, intersubjektiv nachvollziehbar und reproduzierbar (Lamnek/Krell 2016, S. 313).

In der empirischen Forschung bezeichnet der Begriff *qualitative Interviews* eine Gruppe von Verfahren, die in unterschiedliche Richtungen ausgeprägt sein können (Mey/Mruck 2011, S. 259). Die Auswahl des Verfahrens kann z. B. nach dem Grad der Strukturierung und Standardisierung der Interviewsteuerung getroffen werden. Bei einer starken Strukturierung des Interviews werden sowohl dem Interviewenden als auch dem Interviewten wenig Freiheiten eingeräumt und das Interview verläuft nach einer zuvor festgelegten Struktur. Dabei sind häufig bereits Antwortmöglichkeiten vorgegeben. Bei weniger strukturierten Interviews haben der Interviewer und der Interviewte mehr Freiheiten bei der Durchführung (Klandt/Heidenreich 2017, S. 135; Mayring 2023, S. 60; Mey/Mruck 2011, S. 259 f.). Ein weiterer Aspekt bei der Auswahl des Verfahrens ist die Schriftlichkeit des Interviews. Dabei kann zwischen einer mündlichen Befragung, wie z. B. dem persönlichen Interview, und der schriftlichen Befragung, z. B. durch Versenden des Fragebogens, unterschieden werden. In den vergangenen Jahren ist das Versenden der Befragungen über das Medium Internet zunehmend populär geworden (Klandt/Heidenreich 2017, S. 135).

3.1.3 Durchführung

Für die Interviews wurde ein standardisierter Fragebogen entwickelt, der schriftlich über das Internet an die Probanden verteilt wurde. Daher ist der Grad der

Strukturierung und der Standardisierung in dieser Studie hoch. Jeder Teilnehmer bekam die gleichen offenen Fragen gestellt. Ein Vorteil von standardisierten Interviews ist die gute Vergleichbarkeit der Antworten. Das Potenzial von Fehlern aufgrund der Fragen wird auf ein Minimum reduziert, da jeder Teilnehmer die gleiche Fragestellung und Reihenfolge an Fragen erhält (Mey/Mruck 2011, S. 259 f.; Lamnek/Krell 2016, S. 323). Die Studie wurde in Form einer Einzelbefragung durchgeführt, das bedeutet, dass jeder Teilnehmer die Fragen alleine gestellt bekam und eigenständig beantworten sollte. Diese Struktur der Befragung ist bei qualitativer Forschung der Regelfall (Lamnek/Krell 2016, S. 324). Bei der Formulierung der Fragen wurde ein offener Fragenstil gewählt. Die Probanden sind in ihren Antwortformulierungen frei und müssen in kein vorgegebenes Antwortschema passen (Mayring 2023, S. 60; Lamnek/Krell 2016, S. 326). So wird sichergestellt, dass die abgelehnten Bewerber alle ihre Gedanken und Gefühle frei äußern können und keine potenziellen Auswirkungen von Absagen in Produkttester-Programmen unentdeckt bleiben.

Die Interviewstudie wurde als schriftliche Befragung durchgeführt, die über die Online-Plattform Prolific an die Probanden verteilt wurde. Prolific ist eine kommerzielle crowdworking Plattform, auf der Online-Forschung durchgeführt wird. Die Plattform dient zur Rekrutierung von Teilnehmern für soziale und ökonomische wissenschaftliche Experimente (Palan/Schitter 2018, S. 22 f.). Grund für die Online-Befragung ist die notwendige Akquise von abgelehnten Produkttestern. Da die Bewerbung für ein Produkttester-Programm online stattfindet, war die Wahl des Internets als Kontaktmedium passend (Klandt/Heidenreich 2017, S. 151 f.). Aufgrund der Verteilung der Befragung via Link findet eine asynchrone Befragung statt. Dies hat den Vorteil, dass der Proband in der Beantwortung der Fragen zeitlich flexibel ist und somit auch Probanden aus anderen Ländern problemlos befragt werden können. Gleichzeitig verspüren die Probanden bei der Beantwortung der Fragen keinen Druck, unmittelbar eine Antwort geben zu müssen, sondern können in Ruhe ihre Antwort formulieren. Dies kommt vor allem auch nervösen und leicht beeinflussbaren Teilnehmern zugute. Die Verteilung des Befragungslinks über eine Online-Plattform sorgt zudem dafür, dass der Teilnehmer vollkommen anonym bleibt. Dies ermöglicht eine offene Beantwortung von Fragen, auch zu sensiblen Themengebieten (Gnambs/Batinic 2011, S. 388 ff.; Klandt/Heidenreich 2017, S. 151 f.). Beim Online-Interview liegen im Anschluss an die Befragung die Interviewäußerungen direkt in digitaler Form vor und benötigen keine Transkription (Döring/Bortz 2016, S. 375).

Für die Durchführung wurden insgesamt zwei Befragungen über die Webseite SoSci Survey programmiert und dann in Prolific eingestellt. Die erste Befragung diente lediglich zur Auswahl der geeigneten Teilnehmer. Da eine

Vorauswahl der angemeldeten Prolific-Mitglieder nach ihrer Erfahrung mit Produkttester-Programmen nicht automatisch möglich war, wurde eine erste Umfrage durchgeführt. Bei dieser sollten 600 Teilnehmer angeben, ob sie sich bereits einmal für einen Produkttest beworben haben und anschließend eine Absage vom Unternehmen erhalten haben. Falls dies der Fall war, sollten sie noch kurz das Produkttester-Programm und das Unternehmen benennen. Sie wurden vorab darüber informiert, dass diese Befragung lediglich aus diesen zwei Fragen besteht und nur dem Zweck dient, geeignete Kandidaten für die spätere ausführliche Befragung zu finden. 112 Teilnehmer kamen aufgrund ihrer vorherigen Erfahrungen für die anschließende Interviewstudie in Frage.

Diese 112 Teilnehmer wurden anschließend zur Befragung eingeladen, wovon 102 Teilnehmer die Interviewstudie durchführten. Zu Beginn wurden die Teilnehmer darüber informiert, dass es um ihre Erfahrungen mit Produkttester-Programmen geht und sie bitte möglichst ausführlich und offen sowohl über ihre positiven als auch negativen Gedanken und Gefühle schreiben sollen. Es wurde versichert, dass es keine falschen Antworten gibt und alle Daten anonym und nur für wissenschaftliche Zwecke verwendet werden. Bei der Beantwortung der Fragen sollten die Teilnehmer sich an die zuletzt erhaltene Absage in einem Produkttester-Programm erinnern. Im Anschluss wurden sie zu ihren Gedanken und Gefühlen nach der Absage befragt, z. B. mit den Fragen: „Did the rejection create negative feelings about the company or the product test? Please describe these negative feelings and explain why you feel this way", „Did you experience feelings of skepticism after the rejection? Please describe your feelings and explain why you feel this way" und „Did you experience feelings of desire to own the product? Please describe your feelings and explain why you feel this way".

Bei der Erstellung des Fragebogens wurde darauf geachtet, dass die Probanden ihre Gedanken und Gefühle äußern konnten. Dafür wurden offene Fragen gestellt, die einfach und direkt formuliert waren. Die Probanden wurden dazu angeregt, ihr Erlebtes zu beschreiben und möglichst ausführlich zu erzählen. Suggestivfragen, die eine bestimmte Antwortrichtung vorgeben, wurden gänzlich vermieden. Auch Faktenfragen und geschlossene Fragen wurden lediglich vereinzelt verwendet (Döring/Bortz 2016, S. 403), u. a. am Ende des Fragebogens, wo die Probanden befragt wurden, wie häufig sie bereits Absagen erhalten haben. Sie machten abschließend noch einige soziodemographische Angaben. Die Beantwortung aller Fragen dauerte durchschnittlich etwa 15 Minuten. Der gesamte Fragenkatalog zur Studie ist in Anhang 1 im elektronischen Zusatzmaterial abgebildet.

3.1.4 Auswahl und Zusammensetzung der Stichprobe

Um erste Erkenntnisse über die Effekte von Absagen in Produkttester-Programmen zu erlangen, wurde eine Stichprobe benötigt, die ausschließlich Personen beinhaltete, die sich bereits einmal für einen Produkttest beworben und anschließend eine Absage erhalten hatten. Da kein Pre-Screening-Filter auf Prolific diese Auswahl möglich machte, wurde eine kurze Vorab-Befragung durchgeführt. Zusätzlich wurden dann mithilfe der zur Verfügung stehenden Pre-Screening-Filter Probanden akquiriert, die aus Großbritannien stammen und regelmäßig Online-Shopping betreiben. Die 600 Teilnehmer, die an der ersten Umfrage teilnahmen, haben eine Aufwandentschädigung von 0,13 Pfund erhalten. Die 102 Teilnehmer, die bereits Erfahrungen mit Absagen in Produkttester-Programmen gemacht haben und innerhalb der anschließenden Befragung über ihre Erfahrungen berichtet haben, haben 1,88 Pfund erhalten. Von den 102 Teilnehmern war der jüngste Teilnehmer 22 Jahre alt und der älteste Teilnehmer 79 Jahre alt. Der Mittelwert der Stichprobe lag bei 43,29 Jahren. 75 % der Teilnehmer waren weiblich, 21,9 % der Teilnehmer männlich und 3,1 % der Teilnehmer gaben keine Auskunft über ihr Geschlecht.

3.1.5 Ergebnisanalyse

Die Ergebnisanalyse besteht aus zwei Unterkapitel. Zuerst wird die Auswertungsmethode vorgestellt (**Abschnitt 3.1.5.1**) und anschließend werden die Ergebnisse präsentiert (**Abschnitt 3.1.5.2**).

3.1.5.1 Auswertungsmethode

Die Auswertung der qualitativen Interviews lehnt sich an die *Grounded Theory* von Strauss (1998, S. 50 ff.) und die *Inhaltsanalyse* nach Kuckartz (2016, S. 164 f.) an. Abbildung 3.1 zeigt den Analysevorgang der qualitativen Interviews.

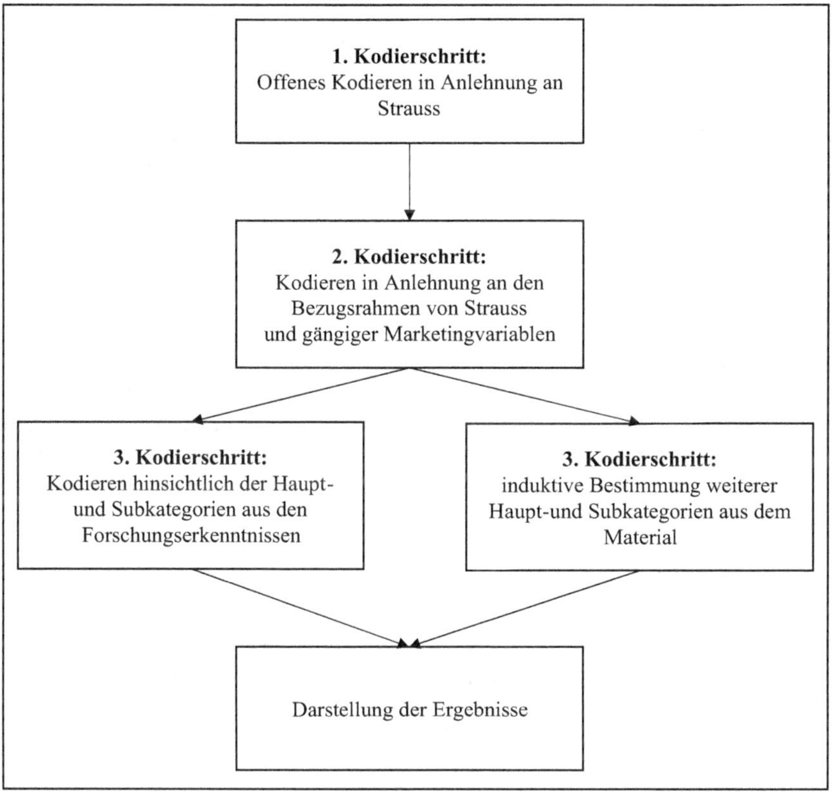

Abbildung 3.1 Analysevorgehen der explorativen qualitativen Studie. (Quelle: Eigene Darstellung)

Grundlage der Grounded Theory ist die Analyse empirischer Daten auf systematische Weise. Strauss nennt seine Herangehensweise Grounded Theory, „weil ihr Schwerpunkt auf der Generierung einer Theorie und auf den Daten liegt, in denen diese Theorie gründet“ (Strauss, 1998, S. 50). Dafür wird ein Interview im **ersten Kodierschritt** offen, meist Satz für Satz analysiert, um die Äußerungen systematisch ordnen zu können. Im Rahmen der Grounded Theory werden Kategorien gebildet. Diese ergeben sich aus verschiedenen Indikatoren, die der Forscher in den Interviews erkennt und dann miteinander vergleicht und kombiniert. Sind sich einige Indikatoren hinsichtlich Ereignisse oder Verhaltensmustern ähnlich, so können sie zu einer codierten Kategorie zusammengefasst werden. Neben den Kategorien kann der Forscher auch Subkategorien bilden, die die Kategorie noch einmal unterteilen. Beim offenen Kodieren werden Indikatoren und Kategorien zunächst provisorisch festgehalten. Anschließend wird im **zweiten Kodierschritt** in Anlehnung an den Bezugsrahmen von Strauss kodiert. Er schlägt vor, sich insbesondere Bedingungen, Interaktionen zwischen den Akteuren, Strategien und Taktiken und Konsequenzen anzuschauen (Strauss 1998, S. 57).

In der Marketingforschung ist es außerdem üblich, Interviews im Hinblick auf relationale Mediatoren und Ergebnisvariablen zu analysieren (Palmatier et al. 2006, S. 137). Die vorliegende Arbeit kodiert daher primär hinsichtlich psychologischer Mechanismen, die von einer Absage in einem Produkttester-Programm ausgelöst werden, der Einstellungsveränderung des abgelehnten Bewerbers und der Konsequenzen der Absage im Hinblick auf das Verhalten des abgelehnten Bewerbers. Mit der Kombination der Grounded Theory mit der Inhaltsanalyse von Kuckartz (2016, S. 164 f.) ist es im **dritten Kodierschritt** möglich, Haupt- und Subkategorien sowohl deduktiv als auch induktiv zu bilden. Somit können in diesem Schritt bereits erforschte Erkenntnisse zu den Auswirkungen von Absagen in die Kategorienbildung mitaufgenommen werden. Der Forscher ist jedoch weiterhin offen für andere induktiv hergeleitete Kategorien, die sich aus dem Material ergeben. Die Interviews werden so lange analysiert und kodiert, bis keine weiteren Kategorien gefunden werden können und eine Sättigung entsteht. Die Ergebnisse werden anschließend präsentiert, indem die Expertenaussagen anhand von relevanten Zitaten wiedergegeben werden. Diese Art der Darstellung wird gewählt, um dem Leser die Möglichkeit zu geben, Schlussfolgerungen nachvollziehen zu können (Gläser/Laudel 2010, S. 273 f.).

3.1.5.2 Ergebnisse

Mittels der qualitativen Interviews konnten erste Erkenntnisse zu den psychologischen Mechanismen, dem Verhalten der abgelehnten Bewerber und weiteren Einflussfaktoren festgestellt werden, die nach einer Absage in einem Produkttester-Programm auftreten.

In vielen Fällen berichten die Probanden, dass sie nach der Absage **Skepsis** verspüren. Forehand und Grier (2003, S. 350) und Steinhoff (2014, S. 96) definieren Skepsis als negatives Gefühl, das entstehen kann, wenn eine Person Zweifel, Unsicherheit und Misstrauen bezüglich der Aufrichtigkeit einer anderen Person oder Sache empfindet. Die abgelehnten Bewerber fragen sich, ob das Unternehmen wirklich die angepriesenen Testprodukte verschickt oder ob es sich lediglich um eine Marketingaktion handelt, mit der Aufmerksamkeit für das Produkt generiert werden soll. Einige vermuten auch, dass das Ziel der Aktion lediglich das Sammeln von Kundendaten und nicht das Testen von Produkten ist und somit der Produkttest nicht korrekt ausgeführt wird.

„I do wonder if they really have the products to test they said they do." (*weiblich, 42*)

„I never get chosen and always fill out so many questions for nothing. Do they even give out test products?" (*weiblich, 40*)

„I was not sure if the product test was real or whether they just wanted my information." (*männlich, 42*)

„I think they just wanted to grab my data." (*weiblich, 38*)

„I was directed straight to their website which made me feel skeptical about if it was just an advertising ploy." (*weiblich, 59*)

„I felt shortchanged by them, I spent time answering my questions only to be rejected at the end. I don't think I was even really properly considered." (*weiblich, 42*)

Dieses Gefühl von Skepsis führt in vielen Fällen dazu, dass die abgelehnten Bewerber eine **negative Einstellung** gegenüber dem Unternehmen entwickelt haben und jede **weitere Interaktion mit dem Unternehmen zukünftig vermeiden wollen**.

„I would not try to apply again." (*weiblich, 55*)

„I would likely consider avoiding their products in future." (*männlich, 32*)

Jedoch fanden sich in den Interviews auch positive Konsequenzen von Absagen in Produkttester-Programmen. Bei einigen Probanden zeigte sich mit der Bewerbung und Absage **Commitment** gegenüber dem Unternehmen. Die Probanden schätzten den Produkttest und das Interesse vom Unternehmen an der Meinung der Konsumenten. Sie fühlten sich durch die Bewerbung mit dem Unternehmen verbunden und bereits einen Schritt näher am Produkt.

„I felt more positive towards these companies as they want to hear what people think of their products and listen to consumers to make their products better." (*weiblich, 52*)

„The company had nothing personal against me. I appreciate that they do product testing and learn about new products through that, even if I don't get accepted. That way I can decide for myself afterwards whether to buy it or not." (*weiblich, 38*)

„ [The rejection] prompted me to investigate buying and actively search out the products on online shopping and in store. I wanted to try them and it reminded me and to check if any new brands, box sizes or price being more favorable since last checking maybe a YEAR ago!“ (*männlich, 32*)

Das Commitment wirkte sich positiv auf die Einstellung der abgelehnten Bewerber zum Unternehmen aus. Die abgelehnten Bewerber sind nach der Absage positiv gegenüber dem Unternehmen gestimmt und weiterhin loyale Kunden. Die positive Einstellung führt daraufhin zu einer höheren Kaufabsicht bei den abgelehnten Bewerbern. Viele Probanden berichteten, dass sie sich das **Produkt gekauft haben**, weil sie es weiterhin, auch nach der Absage testen wollten.

„I was intrigued to try the test product.“ (*weiblich, 24*)

„I didn't know about the product prior to the test so was excited to find out about it and would probably still purchase when its available to buy.“ (*weiblich, 33*)

„I still enjoy the brand and would like to own the product.“ (*weiblich, 28*)

„Through the application, I got involved with the product and the company. After the rejection, I looked for other test products of the company.“ (*weiblich, 42*)

„I still believe that this is a good company.“ (*männlich, 41*)

„I remained loyal to the company and bought it myself.“ (*männlich, 42*)

Neben den psychologischen Mechanismen und ihren Auswirkungen auf die Einstellung und das Verhalten der abgelehnten Bewerber sind auch zwei relevante Kontextfaktoren bei der Analyse aufgefallen. Der erste Einflussfaktor ist der **Preis des Testprodukts**. Er hat sowohl einen Einfluss auf die wahrgenommene Skepsis als auch das wahrgenommene Commitment. Für die Bewerber erscheint es logisch, dass das Unternehmen höhere Durchführungskosten für den Produkttest hat, wenn es höherpreisige Testprodukte anbietet. Diese höheren Kosten müssen kompensiert werden und die Probanden vermuten, dass sie **noch skeptischer** reagieren würden.

„[In case of an expensive test product, I would] probably [be] more skeptical because there would have been more investment on their [i.e. the manufacturers'] part.“ (*weiblich, 31*)

Diese Skepsis könnte sogar dazu führen, dass sich die Probanden gar nicht erst bewerben würden.

„I don't think I would apply for a more expensive product as more people would be applying for this and the chances of getting it would be even slimmer than a cheaper product. I think that the companies then rather offer even fewer test products, if there are any at all." (*weiblich, 57*)

Auf der anderen Seite führen höherpreisige Testprodukt zu einem **stärkeren Commitment** und es wird vermutet, dass die Unternehmen dann noch sorgfältiger bei der Auswahl ihrer Tester vorgehen.

„I have a higher desire to own the product" (*männlich, 30*)

„I know there are limited availability of products and they choose most suitable and even more carefully if the price is high" (*weiblich, 38*)

„More expensive products are seen to be exclusive, so there may be a feeling of missing out." (*weiblich, 56*)

„It would make me feel much more positively towards the company." (*weiblich, 37*)

Dieses höhere Commitment führt zu höheren Kaufabsichten der abgelehnten Bewerber:

„Still buy the [more expensive] product if I wanted it." (*weiblich, 45*)

Der zweite Kontextfaktor, der einen Einfluss auf die Konsequenzen von Absagen hat, ist die **Anzahl an vorherigen Absagen**. In den Interviews zeigt sich erneut ein Einfluss der Anzahl sowohl auf die Skepsis als auch auf das Commitment. Es wird deutlich, dass Probanden sich häufiger auf Produkttests bewerben und somit auch häufiger abgelehnt werden. Bei mehrfacher Absage stellen die abgelehnten Bewerber die Seriosität und die korrekte Durchführung des Produkttests zunehmend infrage.

„I get a little more annoyed with them each time I get rejected." (*weiblich, 52*)

„I [...] feel more despondent and have little trust in the company." (*weiblich, 50*)

„Feel I was wasting time and wonder if the company were genuine." (*weiblich, 53*)

Dieses **höhere Maß an Skepsis** führt dazu, dass abgelehnte Bewerber mit größerer Wahrscheinlichkeit das Unternehmen meiden und sich nicht mehr für Produkttests bewerben:

„I would probably feel like not bothering to apply in future." (*weiblich, 24*)

„I would just stop using them completely.“ (*weiblich, 43*)

Gleichzeitig zeigen einige Bewerber mit steigender Anzahl an Bewerbungen **auch steigendes Commitment** gegenüber dem Unternehmen:

„Rejections would not deter me.“ (*weiblich, 56*)

„It's desirable to be a tester.“ (*männlich, 42)*

„Every rejection increases my desire be taken next time.“ (*männlich, 22*)

Das höhere Commitment führt zu weiteren Bewerbungen, auch wenn Bewerber mehrmals abgelehnt werden:

„I would still continue to make applications. Rejections would not deter me.“ (*weiblich, 56*)

„I will try again if they need reviewers for other products.“ (*weiblich, 59*)

„I would still continue to make applications.“ (*weiblich, 56*)

„I ended up applying for more out of a desire to be more successful going forward.“ (*männlich, 30*)

Mit der explorativen Interviewstudie konnte die erste Vermutung, dass eine Absage in einem Produkttester-Programm einen potenziellen Einfluss auf die Gefühle und das Verhalten der abgelehnten Bewerber hat, bestätigt werden. Eine Absage kann die wahrgenommene Skepsis und das wahrgenommene Commitment der abgelehnten Bewerber beeinflussen. Diese psychologischen Mechanismen können wiederum einen Einfluss auf die Einstellung der abgelehnten Bewerber zum Unternehmen haben und sich auf deren Verhalten auswirken. Dennoch liefert die explorative Interviewstudie lediglich erste Anhaltspunkte, die in weiteren Studien näher untersucht werden müssen. Aus diesem Grund werden die Erkenntnisse der Studie genutzt, im Folgenden mit den theoretischen Grundlagen weiterentwickelt und gestützt. Das daraus resultierende Untersuchungsmodell wird schließlich in weiteren empirischen Studien geprüft und die Konsequenzen von Absagen in Produkttester-Programmen näher erforscht.

3.2 Theoretische Grundlagen

Im folgenden Kapitel werden die theoretischen Grundlagen vorgestellt. Zunächst wird die Attributionstheorie (**Abschnitt 3.2.1**) detailliert erläutert und anschließend das Commitment-Consistency-Prinzip (**Abschnitt 3.2.2**) erklärt.

3.2.1 Attributionstheorie

Menschen versuchen ihr eigenes und das Verhalten anderer Menschen zu verstehen, indem sie mögliche Gründe attribuieren. Der Attributionstheorie zufolge erhalten Menschen kausale Erklärungen, indem sie Rückschlüsse auf die Ursache eines Ereignisses ziehen. Die Theorie besagt, dass der Ausgangspunkt allen menschlichen Handelns die Frage nach den Gründen ist, d. h. die Frage nach dem „Warum?“ (Garms-Homolová 2021, S. 34). Die Entwicklung der Theorie geht auf Heider (1958) zurück und gilt inzwischen als Sammelbegriff für eine Reihe an Beiträgen in der Sozialpsychologie (Jones/Davis 1965; Weiner 1985; Weiner 1986). Nachfolgende Erläuterungen der Theorie basieren auf den Werken von Heider (1985) und Weiner (1985; 1986), da in diesen Ansätzen ebenfalls Auswirkungen auf das menschliche Erleben und das Verhalten betrachtet werden.

Attribution bedeutet, „Erklärungen für eigenes und fremdes Verhalten [zu] finden, sich selbst und anderen Merkmale bzw. Zustände zu[zu]schreiben“ (Oliver 2010, S. 295; Parkinson 2007, S. 71). In der Attributionstheorie gibt es einen Beobachter, der eine Situation und das Geschehene beobachtet, und einen Handelnden. In einigen Situationen kann der Beobachter auch gleichzeitig der Handelnde sein. In diesem Fall spricht man von Selbstattribution. Die Attributionsforschung beschäftigt sich mit den Schlussfolgerungen des Beobachters, wenn er den Handelnden beobachtet. Der Beobachter nimmt in diesem Prozess der Beobachtung eine Attribution vor, indem er versucht, einen Kausalzusammenhang herzustellen, um das Verhalten des Handelnden zu begründen. Somit versuchen Menschen, das Verhalten von anderen und ihr eigenes Verhalten zu verstehen und zu begründen (Heider 1958, S. 5; Parkinson 2007, S. 76). Die Herstellung von Kausalität und die damit möglichen Schlussfolgerungen haben für den Menschen zwei Vorteile: Mittels Attribution erlangt der Mensch das Gefühl von Verständnis. Dieses Gefühl von Verständnis nimmt dem Menschen die Angst und gibt ihm ein angenehmes Gefühl von Sicherheit im Umgang mit seiner derzeitigen Situation und Umwelt. Zweitens erhält der Mensch mit dem Aufdecken von Gründen eine gewisse Art von Kontrolle über zukünftige Ereignisse und kann zukünftiges Verhalten besser vorhersagen (Weiner 1985, S. 548; Parkinson 2007, S. 76).

Die Attribution ist abhängig von den vermuteten Ursachen des Ereignisses. Heider (1985) führt dabei eine wichtige Unterscheidung zwischen **„internen"** und **„externen"** Ursachen an. Dabei wird festgelegt, ob die Ursache für eine bestimmte Handlung innerhalb der ausführenden Person liegt (z. B. basierend auf der Absicht, den Fähigkeiten oder der Anstrengung der Person) oder von externen Faktoren begründet ist (wie z. B. zeitlichen oder räumlichen Gegebenheiten, der Beteiligung anderer Menschen oder dem Zufall). Bei der internalen Attribution liegt die Ursache somit immer in der Person, wobei bei der externalen/situationsbedingten Attribution die Ursache in der Situation liegt (Heider 1985, S. 82; Stroebe/Jonas/Hewstone 2003, S. 217).

Die Theorie wurde später von Heider (1985) um zwei weitere Faktoren, die Stabilität und die Kontrollierbarkeit, ergänzt. Diese Faktoren wurden von Weiner bei der Entwicklung des multidimensionalen Ansatzes berücksichtigt und weiterentwickelt. Weiner (1985; 1986) benennt dabei die Unterscheidung in internale und externale Attribution als **Lokation** und verwendet diese als erste Kausaldimension in seinem dreidimensionalen Model. Die beiden weiteren Kausaldimensionen, die ebenfalls dichotom ausgeprägt sind und von ihm näher betrachtet wurden, sind die **Stabilität** und **Kontrollierbarkeit**. Die Stabilität als zweite Kausaldimension beschreibt, ob die Ursachen für ein Ereignis eher konstant, vorhersehbar und dauerhaft vorhanden oder variabel, unvorhersehbar und einmalig vorhanden sind. Bei der dritten Kausaldimension, der Kontrollierbarkeit, geht es darum, ob der Faktor für den Handelnden kontrollierbar ist oder nicht.

Tabelle 3.1 stellt das Modell von Weiner (1979; 1985; 1986) vor und zeigt den in dieser Erläuterung und von Weiner herangezogenen akademischen Kontext.

Tabelle 3.1 Kausalmodell nach Weiner (1979; 1985; 1986)

	Internale Ursache		Externale Ursache	
	Stabil	Instabil	Stabil	Instabil
Kontrollierbar	Können (z. B. Wissen, Fertigkeit)	Anstrengung	Dauerhafte situative und soziale Ressourcen (z. B. soziale Kontakte, finanzielles Vermögen)	Temporär verfügbare situative und soziale Ressourcen (z. B. Rat, Unterstützung)
Nicht kontrollierbar	Begabung (z. B. Intelligenz)	Energie	Leichtigkeit bzw. Schwierigkeit der Aufgabe	Glück/Zufall

Quelle: In Anlehnung an Steinhoff, 2014, S. 86 und Parkinson, 2007, S. 85.

Werden die Kausaldimensionen Lokation, Stabilität und Kontrollierbarkeit am Beispiel eines Studierenden in einer Prüfung betrachtet, so kann die gute Note entweder sich selbst als Person (internale Ursache) oder der Situation (externale Ursache) zugeschrieben werden. Das Bestehen einer Prüfung kann nach der Dimension der Stabilität auf stabile interne Gründe (z. B. das Können oder die Begabung) oder instabile interne Gründe (z. B. der besonders hohe Lernaufwand) zurückgeführt werden. Bei externalen Ursachen können ebenfalls stabile externe Gründe (z. B. dauerhaft situative Einflussfaktoren oder Leichtigkeit der Aufgaben) oder instabile externe Gründe (z. B. temporär situative Gründe oder Glück) attribuiert werden. In der Dimension der Kontrollierbarkeit können die Ursachen für das Bestehen einer Prüfung vom Studierenden bewusst kontrollierbar oder unkontrollierbar sein. Investiert ein Studierender sehr viel Aufwand in das Lernen, so kann der internal attribuierte Grund als kontrollierbar wahrgenommen werden. Lässt sich der Erfolg bei der Prüfung allerdings auf die Begabung des Studierenden zurückführen, so kann dieser als vom Studierenden unkontrollierbar empfunden werden. Bei externaler Ursachenbegründung kann es ebenfalls kontrollierbare Gründe für das Bestehen einer Prüfung (z. B. Hilfe beim Lernen seitens eines Kommilitonen) oder unkontrollierbare Gründe (z. B. Glück) geben (Parkinson 2007, S. 85).

Der gesamte Attributionsprozess, den ein Beobachtender durchläuft, kann in einem Modell aufgezeigt werden (Weiner 1985, S. 565). Das Modell umfasst insgesamt fünf Ablaufschritte: das Ereignis und die Evaluation des Ereignisses als Ausgangspunkt, die ereignisabhängigen Emotionen, den Attributionsprozess, die attributionsabhängigen Emotionen und die Verhaltenskonsequenzen. Das Modell ist in Abbildung 3.2 dargestellt.

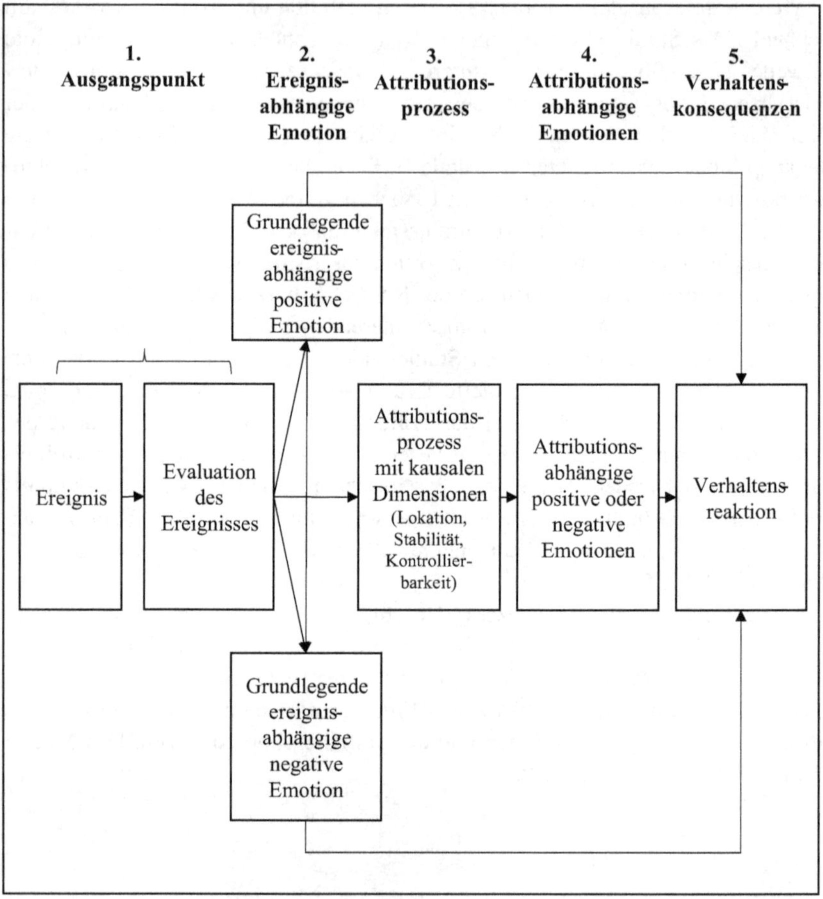

Abbildung 3.2 Attributionsprozess. (Quelle: In Anlehnung an Weiner, 1985, S. 565; 1986, S. 162)

Das Modell des Attributionsprozesses startet, mit einem Ereignis und dessen Evaluation als **Ausgangspunkt**. Der Beobachtende kann das Ereignis als Erfolg oder Misserfolg bewerten. Die darauf basierenden **grundlegenden ereignisabhängigen Emotionen** (Schritt 2) können bei Erfolg dann positiv oder bei Misserfolg negativ sein. Im Falle eines Erfolgs ist die Emotion häufig Freude und im Falle des Misserfolgs Frustration oder Traurigkeit. Ist das Ergebnis der Evaluation allerdings unerwartet, negativ oder persönlich besonders relevant, startet ebenfalls der **Attributionsprozess** (Schritt 3). Die Attribution des Ereignisses erfolgt nach den bereits erläuterten drei Kausaldimensionen Lokalität, Stabilität und Kontrollierbarkeit. Infolge des Attributionsprozesses treten die **attributionsabhängigen Emotionen** (Schritt 4) auf. Sie sind maßgeblich vom vorherigen Attributionsprozess und den Kausaldimensionen abhängig. Die Dimension der Lokalität kann z. B. Emotionen hervorrufen wie Stolz, wohingegen die Kausaldimension der Stabilität Hoffnung bzw. Hoffnungslosigkeit als Emotion verursachen kann. Wenn ein Beobachtender sich einem unkontrollierbaren Ereignis ausgesetzt fühlt, kann dies zu Emotionen, wie Ärger oder Scham, führen. Im fünften Schritt führen die ereignis- und die attributionsabhängigen Emotionen gemeinsam dann zu **Verhaltenskonsequenzen** für den Beobachtenden. Das aus den resultierenden Emotionen abgeleitete Verhalten kann sowohl das eigene als auch das Verhalten anderer Individuen beeinflussen. Da die ereignis- und die attributionsabhängigen Emotionen allerdings nicht immer übereinstimmen müssen, ist das Verhalten häufig eine Mischung beider Emotionstypen (Weiner 1985, S. 560 f.).

Der Attributionsprozess kann allerdings auch fehlschlagen. Dafür gibt es drei mögliche Gründe: Erstens kann es bei negativen Informationen zu einer unverhältnismäßigen Urteilsverzerrung kommen (Feinberg/Meoli-Stanton/Gable 1996, S. 64). Zweitens kann es auch zu einer falschen Attribution kommen, wenn der Beobachtende gar nicht alle relevanten Einflussfaktoren der Ereignisse kennt und lediglich aufgrund von Erfahrungen Kausalschlüsse zieht (Parkinson 2007, S. 80 f.). Darüber hinaus kann es auch drittens zu inkorrekten Attributionen oder selbstwertdienlichen Attributionsverzerrungen kommen. Diese werden wie folgt definiert: „Motivierte Verzerrungen attributionaler Schlussfolgerungen, die dazu dienen, das Selbstwertgefühl zu erhalten oder zu verbessern" (Parkinson 2007, S. 101). Folglich handelt es sich um motivierte Verdrehung des Beobachtenden. Die Ereignisse und die Kausalschlüsse können daher so attribuiert werden, dass sie dem Beobachtenden persönlich besser gefallen. Für das Beispiel im akademischen Kontext ergibt sich daraus eine Attribution der guten Note aufgrund angeborener Fähigkeiten (selbstwertsteigernde Verzerrung). Bei Misserfolg kann die Attribution dahingehend verzerrt werden, dass der Misserfolg allein auf einer unfairen Prüfungsaufgabe basiert (selbstwertschützende Verzerrung). Allgemein bedeutet dies, dass der Beobachtende dazu neigt, sich und sein Selbstbild zu schützen, indem er den Attributionsprozess nicht korrekt durchführt (Parkinson 2007, S. 101 f.).

3.2.2 Commitment-Consistency-Prinzip

Menschen versuchen ihr Leben lang, sich konsistent zu verhalten (Cialdini 2007; Festinger 1957). Dieses Gefühl erläutert Cialdini (2007, S. 43 ff.) in einem Kapitel seines Buches, das er „Commitment and Consistency" nennt. Auf Grundlage dieses Kapitels wird vom Commitment-Consistency-Prinzip gesprochen, wenn eine Person einer Entscheidung treu bleibt, obwohl es rational gesehen keinen Sinn ergibt, diesen Weg weiterzuverfolgen. Sobald eine Person eine Entscheidung getroffen hat, fühlt sie sich unter Druck gesetzt, sich in Zukunft entsprechend dieser Entscheidung zu verhalten. Selbst wenn die Person vor dem Treffen der Entscheidung noch vorsichtig und unsicher gewirkt hat, so ist es wahrscheinlich, dass sie nach der festen Entscheidung selbstsicher und optimistisch wirkt. Rational gesehen kann in dieser kurzen Zeit nicht entschieden worden sein, ob die Person eine richtige oder falsche Entscheidung getroffen hat, aber dennoch fühlt sie sich sicherer und optimistischer, dass alles gut verlaufen wird. Nach Cialdini (2007, S. 43) besteht ein Verlangen, mit dem, was die Person bereits getan hat, übereinzustimmen (und so zu erscheinen). Nach einer Entscheidung gerät die Person unter persönlichen und zwischenmenschlichen Druck, der zu irrationalen zukünftigen Entscheidungen führen kann (Cialdini 2007, S. 43).

Zur Veranschaulichung dieses Drucks führt Cialdini (2007, S. 43) ein Beispiel aus seiner Nachbarschaft an: Seine Nachbarin hatte einen Partner, mit dem sie zusammenlebte. Laut Cialdini war die Beziehung immer kompliziert. Nach vielen Konflikten beendete die Nachbarin die Beziehung und ihr Partner zog aus. Nach einiger Zeit meldete sich ihr Ex-Partner wieder bei ihr und wollte die Beziehung wiederaufnehmen. Dafür versprach er ihr, dass er sein Verhalten ihr gegenüber verbessern wolle. Cialdinis Nachbarin nahm die Beziehung zu ihrem Ex-Partner wieder auf und es zeigte sich, dass sich die Situation, in der sie ab diesem Zeitpunkt lebten, nicht von der Situation vor der Trennung unterschied. Jedoch fühlte sich die Nachbarin emotional verbundener mit ihrem Partner als je zuvor. Sie berichtete, dass sie aufgrund der bewussten Entscheidung für die Beziehung gemerkt hat, wen sie wirklich liebt. Cialdinis Nachbarin war noch stärker in die Beziehung eingebunden als je zuvor. Obwohl die Bedingungen, unter denen sie ihre Wahl getroffen hatte, nie erfüllt wurden, ist sie glücklicher, weil sie sich einmal aktiv für diesen Schritt entschieden hatte. Laut Cialdini (2007) kommt es häufiger vor, dass sich Menschen selbst etwas vormachen, um mit den Entscheidungen, die sie einmal getroffen haben, glücklich zu sein (Cialdini 2007, S. 43 f.).

Festinger (1957) hat das Verlangen nach Konsistenz bereits als zentralen Motivator für menschliches Handeln identifiziert. Dieses Verlangen kann eine Art von

Automatismus auslösen. Dieser Automatismus wird auch als „blinde Konsistenz" bezeichnet und kann zu sowohl **positiven als auch negativen Konsequenzen** für die Person führen, was in Tabelle 3.2 aufgezeigt wird.

Tabelle 3.2 Mögliche Konsequenzen von konsistentem Verhalten

Positive Konsequenzen	Negative Konsequenzen
Wird von der Gesellschaft geschätzt.	Person kann entgegen dem eigenen Interesse und Wohlbefinden handeln.
Gibt der Person und Gesellschaft eine nachvollziehbare Orientierung.	Person kann von anderen Parteien ausgenutzt werden.
Kein weiteres Nachdenken erforderlich, dadurch entsteht geringerer Zeitaufwand bei zukünftigen Entscheidungen.	Person ist leichter zu manipulieren.
Schnelle Reaktion auf alltägliche Situationen möglich.	
Vermeidung von unwillkommenen Gedanken und Fakten.	

Quelle: Eigene Darstellung.

Zu den **positiven Konsequenzen** konsistenten Verhaltens zählt, dass die Person, die sich konsistent verhält, in der Gesellschaft geschätzt wird. Ein hoher Grad von Konsistenz wird häufig mit persönlicher und intellektueller Stärke assoziiert, wohingegen Menschen, deren Meinungen nicht mit ihrem Verhalten übereinstimmen, in der Gesellschaft weniger geschätzt sind, und es wird als schlechte persönliche Eigenschaft angesehen, wenn eine Person ihr Wort bricht. Solche Personen werden in der Gesellschaft als unentschlossen, verwirrt, doppelzüngig oder sogar psychisch krank angesehen. Darüber hinaus hat konsistentes Verhalten auch Vorteile für die Person selbst und die Gesellschaft. Konsistentes Verhalten gibt der Gesellschaft eine nachvollziehbare Orientierung (Cialdini 2007, S. 44 f.). Konsistentes Verhalten hat außerdem die Konsequenz für die Person, dass sie nicht länger über weitere Entscheidungen und Situationen nachdenken muss, wenn sie bereits einmal eine Entscheidung getroffen hat. Es müssen keine weiteren Fakten geprüft oder anknüpfende Vor- und Nachteile abgewogen werden. Die Person entscheidet sich weiterhin konsistent mit ihrer vorherigen Entscheidung und erspart sich dadurch viel Zeit des Nachdenkens und Evaluierens. Dieses Verhalten ist insofern eine effiziente Methode, da die Person einfach und schnell auf komplexe tägliche Probleme des Alltags reagieren kann, ohne mentale Kapazität aufwenden zu müssen. Konsistenz erscheint so attraktiv für die Gesellschaft, weil eine Person auch nicht auf unwillkommene Gedanken oder Fakten stoßen kann, wenn sie überhaupt nicht über die Entscheidung bzw. Situation nachdenkt. So beschützt sich die Personen vor Gedanken und Erkenntnissen, die für sie eventuell negativ ausfallen könnten (Cialdini 2007, S. 46). Konsistentes Verhalten kann aber auch **negative Konsequenzen** haben. Aufgrund des Ansehens von Konsistenz in der Gesellschaft und der genannten Vorteile für eine Person kann das Verlangen nach Konsistenz so stark sein, dass sie Menschen soweit beeinflusst, Dinge zu tun, die konträr zu ihren eigenen Interessen sind oder sie gar gefährden. In einem Experiment von Moriarty (1975, S. 370 ff.) zeigte sich, dass Menschen einen vermeintlichen Dieb erst stoppten, nachdem sie gebeten wurden, auf Wertgegenstände aufzupassen (Moriatry 1975, S. 370 ff.). Darüber hinaus kann dieses Verhalten dazu führen, dass andere Personen die Person ausbeuten und es ausnutzen, dass nicht lange über eine Entscheidung nachgedacht wird. Für Personen, die nur ihren Willen durchsetzen wollen, ist es einfach, eine Person zu manipulieren, die sich ohnehin blind konsistent verhält. Dies versuchen u. a. auch Unternehmen für sich auszunutzen, um mehr Umsatz zu generieren (Cialdini 2007, S. 49 ff.).

Um den Drang nach konsistentem Verhalten verstehen zu können, ist es notwendig zu wissen, was konsistentes Verhalten letztendlich auslöst. Sozialpsychologen sehen das Commitment als Ursache für den Mechanismus des konsistenten Verhaltens (Cialdini 2007; Freedman/Fraser 1966). Sobald eine Person davon überzeugt wurde, sich für etwas zu entscheiden, kann konsistentes Verhalten ausgelöst werden. Dieses Commitment kann als eine Art Einstellung angesehen werden, die sich zunehmend durch konsistentes Verhalten weiterentwickelt (Baca-Motes et al. 2013 S. 1 071; Cialdini 2007, S. 189). Ein solcher Zusammenhang zwischen Konsistenz und Commitment ist inzwischen weit verbreitet und auch Unternehmen und politische Parteien wenden Taktiken an, um Commitment hervorzurufen, um z. B. Spenden zu erhalten oder Wähler zu gewinnen (Cialdini 2007, S. 55 f.; Howard 1990, S. 1 185 ff.; Sherman 1980, S. 211 ff.).

3.3 Ableitung der Hypothesen

Im Folgenden werden auf Basis der Ergebnisse der explorativen qualitativen Studie und der vorgestellten theoretischen Ansätze die Hypothesen zur Wirkung von Absagen in Online-Produkttester-Programmen auf die psychologischen Prozesse und das Verhalten der abgelehnten Bewerber deduziert. Im ersten Schritt werden die negativen Effekte einer Absage hergeleitet (**Abschnitt 3.3.1**). Anschließend werden die Hypothesen zu den positiven Effekten einer Absage aufgestellt (**Abschnitt 3.2.2**). Der moderierende Effekt des Preises des Testprodukts wird daraufhin in den Hypothesen (**Abschnitt 3.3.3**) festgehalten und abschließend wird der Effekt der Häufigkeit der Absage hypothesiert (**Abschnitt 3.3.4**). Im letzten Schritt wird einen Überblick über die Hypothesen gegeben und das Untersuchungsmodell zusammenfassend erläutert (**Abschnitt 3.3.5**).

3.3.1 Negative Effekte einer Absage

Die negativen Effekte einer Absage im Rahmen von Produkttester-Programmen können mithilfe der Attributionstheorie erklärt werden. Nach der Attributionstheorie (Kelley 1973) machen Menschen kausale Erklärungen, indem sie Rückschlüsse auf die Ursache eines Ereignisses ziehen. Studien zufolge ist das Starten eines Attributionsprozesses eine kognitive Taktik, um sich von der Ablehnung zu erholen (Wesselmann/Williams 2017, S. 696). Menschen können aber auch bei der Bewertung der Attributionsprozesse versagen (Weiner 1985) und eine negative Information wie eine Absage kann das Urteilsvermögen der Person schwächen (Feinberg/Meoli-Stanton/Gable, 1996, S. 64).

Im Sinne der Attributionstheorie gibt es einen Handelnden und einen Beobachtenden. Wenn der Bewerber vom Unternehmen eine Absage erhält, ist der Handelnde das Unternehmen, das die Absage verschickt, und der Beobachtende der Bewerber des Produkttests, dessen Bewerbung abgelehnt wird.

Thema sind also die Schlussfolgerungen des abgelehnten Bewerbers nach der Absage des Unternehmens. Der abgelehnte Bewerber nimmt nach der Absage eine Attribution vor, indem er versucht, einen Kausalzusammenhang herzustellen, um das Verhalten des Unternehmens zu begründen. Er möchte so Rückschlüsse auf die Gründe der Absage ziehen. Dies macht er, um die Situation besser bewältigen zu können und wieder Kontrolle über die ungewisse Situation zu erhalten.

Der gestartete Attributionsprozess basierend auf Weiner (1985) ist in Abbildung 3.3 dargestellt.

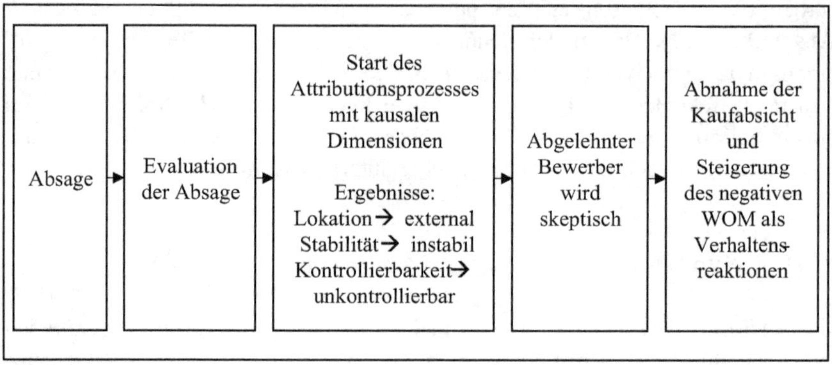

Abbildung 3.3 Attributionsprozess nach einer Absage. (Quelle: Eigene Darstellung)

Der Prozess beginnt mit der Absage des Unternehmens als Ausgangspunkt. Dieses Ereignis wird vom abgelehnten Bewerber evaluiert. Um Rückschlüsse auf die Gründe für die Absage ziehen zu können, beginnt der Attributionsprozess mit der Analyse der Situation basierend auf den kausalen Dimensionen Lokation, Stabilität und Kontrollierbarkeit. Zunächst wird beurteilt, ob die Ursache intern oder extern begründet ist. Da Menschen dazu neigen, sich immer selbst zu schützen, und es ihnen immer leichter fällt, negative Ereignisse externen Gründen zuzuschreiben (Parkinson 2007, S. 101), vermutet der abgelehnte Bewerber hier auch externale Gründe für seine Absage und sucht sie beim Unternehmen. Also kann eine Form der selbstwertdienlichen Attributionsverzerrung vorliegen. Folglich verändert der abgelehnte Bewerber die wahrgenommene Situation insoweit, dass er sein Selbstwertgefühl erhalten kann. Aus diesem Grund attribuiert er den Erhalt der Absage nicht auf sich selbst bzw. sein eigenes Verhalten, sondern auf das Unternehmen, das ihm die Absage erteilt, unabhängig davon, ob diese Attribution korrekt ist oder nicht.

Bei der Beurteilung der Stabilität der Situation kommt der abgelehnte Bewerber zu dem Schluss, dass das Ereignis instabil, variabel und unvorhersehbar ist, da es ebenso auch positiv hätte ausfallen können und die Entscheidung auf für den Bewerber nicht ersichtlichen Regeln basiert. Die Entscheidung war gänzlich vom Unternehmen abhängig und kann demnach nicht als konstant oder dauerhaft vorhanden angesehen werden. Der abgelehnte Bewerber sieht die Absage daher nicht als regelmäßige, wiederkehrende Maßnahme, sondern eher als zufällige, womöglich einmalig stattfindende Aktion des Unternehmens an. Das Vorgehen des Unternehmens ist somit instabil, variabel und unvorhersehbar.

Bei der Bewertung der Kontrollierbarkeit ist davon auszugehen, dass der Bewerber den Ausgang seiner Bewerbung kaum bis gar nicht kontrollieren kann. Sind bei der Bewerbung Angaben zur Person oder zur Motivation zur Bewerbung zu machen, so kann der Bewerber höchstens versuchen, so zu antworten, dass die Antworten dem Unternehmen gefallen und ihn als guten Produkttester auszeichnen. Da der Bewerber aber die Auswahlkriterien nicht kennt, ist es nahezu unmöglich, dementsprechende Angaben zu machen. Die eigentliche Auswahl der Tester trifft das Unternehmen alleine und kann daher nicht vom Bewerber kontrolliert werden. Demnach wird das Ereignis als **external, instabil und unkontrollierbar** bewertet.

Die daraus resultierenden Emotionen sind demnach negativ. Die selbstwertdienliche Attributionsverzerrung und die vermeintliche Instabilität führen dazu, dass die Motive des Unternehmens hinterfragt werden. Der abgelehnte Bewerber versucht, zu verstehen, welche Absichten das Unternehmen wirklich mit dem Produkttest verfolgt. Es ist möglich, dass er versteckte Interessen des Unternehmens als Grund für die Absage vermutet. Unternehmen sind gewinnorientiert und Produkttests werden als teures Marketinginstrument betrachtet, da das Unternehmen die Testprodukte kostenlos zur Verfügung stellt (Jain/Mahajan/Muller 1995, S. 125; Yao et al. 2017, S. 599). Daher kann ein Bewerber nach einer Absage skeptisch sein, ob das Unternehmen wirklich die Absicht hatte, die versprochenen Testprodukte zur Verfügung zu stellen, oder ob es den Produkttest nur als Werbung oder zum Sammeln von Bewerberdaten genutzt hat. In den Interviews mit den abgelehnten Bewerbern wurde Skepsis als Folge der Absage bereits festgestellt. Einige Befragte bezweifelten, dass es überhaupt Testprodukte gab, und vermuteten, dass der Produkttest nur zu Werbezwecken oder zur Erhebung von Verbraucherdaten genutzt wurde:

> „I was directed straight to their website which made me feel skeptical about if it was just an advertising ploy." *(weiblich, 59).*

Gemäß der Theorie folgt im letzten Attributionsschritt die Auswirkung der Emotionen auf das Verhalten. Es ist wahrscheinlich, dass abgelehnte Bewerber als Folge ihrer Skepsis negativ auf das Unternehmen reagieren (Eggert/Steinhoff/Garnefeld 2015, S. 210 ff.; Koslow 2000, S. 250). So werden sie das Unternehmen eher meiden und das Testprodukt nicht kaufen, sondern im Freundes- und Familienkreis schlecht über das Unternehmen sprechen. In den qualitativ strukturierten Interviews bestätigen die Befragten solche negativen Einstellungen und Verhaltensabsichten gegenüber dem Unternehmen:

„I would not try to apply again.“ *(weiblich, 55).*

Auf der Grundlage der Attributionstheorie und der Ergebnisse aus der qualitativen Befragung werden die Hypothesen aufgestellt, dass Absagen bei Produkttests die Skepsis erhöhen, was zu einem Rückgang der Kaufabsicht der Bewerber und zu einem Anstieg der Absicht, negatives WOM zu verbreiten, führt:

H1a: Die Absage von Bewerbungen in einem Produkttester-Programm verringert die Kaufabsichten von abgelehnten Bewerbern (im Vergleich zu Nicht-Bewerbern), mediiert durch einen Anstieg der wahrgenommenen Skepsis.

H1b: Die Absage von Bewerbungen in einem Produkttester-Programm erhöht die Absicht, negatives Word-of-Mouth zu verbreiten, unter abgelehnten Bewerbern (im Vergleich zu Nicht-Bewerbern), mediiert durch einen Anstieg der wahrgenommenen Skepsis.

3.3.2 Positive Effekte einer Absage

Die positiven Effekte einer Absage im Rahmen von Produkttester-Programmen können mithilfe des Commitment-Consistency-Prinzips erklärt werden. Nach dem Prinzip (Cialdini 2007) streben Menschen danach, sich konsistent zu verhalten. Konsistentes Verhalten ist in vielen Fällen vorteilhaft für eine Person und wird von der Gesellschaft geschätzt. Es kann aber auch negative Konsequenzen für eine Person haben und zu irrationalem Verhalten führen (Cialdini 2007, S. 44 ff.; Moriarty 1975, S. 370 ff.).

Wenn ein Konsument sich für ein Produkt und einen Produkttest interessiert und bewirbt, ist dies auf sein Commitment zurückzuführen. Die Person entscheidet sich aktiv für die Bewerbung. Sie geht also mit der Bewerbung eine aktive Verpflichtung ein, die den Mechanismus des konsistenten Verhaltens in Gang setzen kann. Das Eingehen von Verpflichtungen erhöht das Vertrauen der Bewerber in ihre Einstellungen (Dunn/Schweiter 2005, S. 745 f.; Gopinath/Nyer 2009, S. 65 f.) und ist ein wirksamer und dauerhafter Prädiktor für das zukünftige Verhalten (Lokhorst et al. 2013, S. 29; Park et al. 2010, S. 14 f.). Infolge der Bewerbung kann der Bewerber nun ein Verlangen verspüren, sich zu seinem vorherigen Verhalten konsistent zu verhalten. Konsistentes Verhalten wird in der Gesellschaft geschätzt und ein hoher Grad von Konsistenz wird häufig mit persönlicher und intellektueller Stärke assoziiert (Cialdini 2007, S. 44 f.). Der Bewerber möchte, dass auch ihm diese positiven Eigenschaften aufgrund seines konsistenten Verhaltens zugeschrieben werden. Einhergehend damit liefert das

Commitment zum Unternehmen dem Bewerber auch Vorteile: Da er einmal die Entscheidung für die Bewerbung getroffen hat und vor allem erstmalige Entscheidungen meist besonders gut überlegt getroffen werden (Urbany/Dickson/Wilkie 1989, S. 208), kann er sich jetzt „blind" auf seine Entscheidung verlassen und muss nicht weiter über folgende Entscheidungen hinsichtlich des Unternehmens oder seines Interesses dem Testprodukt gegenüber nachdenken.

Den Experimenten von Cialdini (2009, S. 49 ff.), Howard (1990, S. 1 185 ff.) oder Sherman (1980, S. 211 ff.) nach, die die erstmalige Erzeugung von Commitment in verschiedenen Unternehmenskontexten untersucht haben, ist es sogar vorstellbar, dass die Unternehmen, die Produkttests anbieten, diese gezielt als Kampagne einsetzen, um ein erstes Commitment auszulösen. Dieses erste Commitment setzt dann bei den Bewerbern ein konsistentes Verhalten in Gang. Die Absage im Rahmen des Produkttester-Programms kann dann das Commitment des abgelehnten Bewerbers weiter beeinflussen. Die Absage erhöht das Commitment, weil die Nichtverfügbarkeit des Testproduktes in diesem Moment für den abgelehnten Bewerber dieses Produkt noch begehrenswerter erscheinen lässt. Das ungestillte Verlangen nach dem Testprodukt führt zu weiterem konsistentem Verhalten gegenüber dem Unternehmen (Cialdini 2007, S. 189; Hamilton et al. 2019, S. 533 f.; Suri/Kohli/Monroe 2007, S. 89 f.). Dieses Verhalten kann sich in weiterem beständigem Interesse an dem Unternehmen und weiterer Unterstützung, bspw. in Form höherer Kaufabsichten oder geringerer Absichten, negative Mundpropaganda zu verbreiten, äußern (Eggert/Steinhoff/Witte 2019, S. 126; Rehman et al. 2019, S. 17 f.).

Die Ergebnisse der qualitativen Befragung zeigten ebenfalls, dass die Absage nach der Bewerbung die Einstellung und Loyalität gegenüber dem Unternehmen aufgrund des wahrgenommenen Commitments steigerte. Die abgelehnten Bewerber wollen das Produkt auch nach der Absage testen und besitzen, weil sie sich einmal aktiv dafür entschieden haben:

> „I didn't know about the product prior to the test so was excited to find out about it and would probably still purchase when its available to buy." *(weiblich, 33)* und

> „Through the application, I got involved with the product and the company. After the rejection, I looked for other test products of the company." (*weiblich, 42*).

Die qualitative Befragung lieferte darüber hinaus bereits weitere Erkenntnisse für ein erhöhtes Commitment nach einer Absage im Rahmen eines Online-Produkttester-Programms. Die abgelehnten Bewerber zeigen Commitment, indem sie die Unternehmen für die Produkttests und ihr Interesse an der Meinung und dem Feedback der Verbraucher würdigen:

„I appreciate that they do product testing and learn about new products through that, even if I don't get accepted." *(weiblich, 38).*

Auf der Grundlage der sozialpsychologischen Erklärungen und der Erkenntnisse aus der explorativen qualitativen Befragung werden folgende Hypothesen aufgestellt:

H2a: Die Absage von Bewerbungen in einem Produkttester-Programm erhöht die Kaufabsichten von abgelehnten Bewerbern (im Vergleich zu Nicht-Bewerbern), mediiert durch einen Anstieg des wahrgenommenen Commitments.

H2b: Die Absage von Bewerbungen in einem Produkttester-Programm verringert die Absicht, negatives Word-of-Mouth zu verbreiten, unter abgelehnten Bewerbern (im Vergleich zu Nicht-Bewerbern), mediiert durch einen Anstieg des wahrgenommenen Commitments.

3.3.3 Moderierender Effekt des Preises des Testprodukts

Der Preis kann sowohl einen positiven als auch einen negativen moderierenden Effekt auf die Kaufabsicht und die Absicht, negatives WOM zu verbreiten, der abgelehnten Bewerber haben. Der Attributionstheorie (Kelley 1973) nach werden abgelehnte Bewerber den Attributionsprozess starten, um die Gründe für die Absage herauszufinden.

Sie werden annehmen, dass die Kosten eines Produkttests für das Unternehmen höher sind, wenn ein teures Testprodukt angeboten wird, da das Unternehmen das Testprodukt kostenlos abgibt (Jain/Mahajan/Muller 1995, S. 125; Yao et al. 2017, S. 599). Nachdem sie eine Absage erhalten haben, werden sie das Produkttester-Programm eher infrage stellen, wenn ein hochpreisiges Testprodukt angeboten wurde, da die Unternehmen eine hohe Rendite aus dem Marketinginstrument erzielen müssen, um die Kosten für den Produkttest auszugleichen (Adams 1965, S. 281). Es ist wahrscheinlich, dass sie versteckte Interessen des Unternehmens als Grund für die Absage vermuten. Sie werden **skeptischer** dem Unternehmen und dessen Marketingaktivitäten gegenüber als bei einem Produkttest mit einem weniger teuren Produkt. Als Folge ihrer Skepsis werden abgelehnte Bewerber das Unternehmen im Fall eines Produkttests mit einem hochpreisigen Testprodukt eher meiden und das Testprodukt anschließend nicht kaufen, sondern eher dazu neigen, schlecht über das Unternehmen zu sprechen. Dies zeigt sich auch in den Erkenntnissen aus der explorativen qualitativen Befragung:

„[In case of an expensive test product, I would] probably [be] more skeptical because there would have been more investment on their [i.e. the manufacturers'] part." *(weiblich, 31)* und

„The companies then [i.e., in case of high-priced test products] rather offer even fewer test products, if there are any at all." *(weiblich, 57).*

Gleichzeitig kann es sein, dass die Bewerber nach der Absage ein **höheres Commitment** zeigen, weil ein Produkt mit einem höheren Preis für den Konsumenten erstrebenswerter ist. Möglicherweise recherchieren sie mehr über das Produkt und denken länger darüber nach (Urbany/Dickson/Wilkie 1989, S. 208), bevor sie sich für teurere Produkte bewerben. Dies kann zu einem Anstieg des wahrgenommenen Commitments führen (Ko/Cho/Roberts 2005, S. 61), das sich in einer höheren Kaufabsicht und einer Reduzierung der Absicht, negatives WOM zu verbreiten, äußert:

„More expensive products are seen to be exclusive, so there may be a feeling of missing out." *(weiblich, 56).*

Auf der Grundlage der Attributionstheorie, des Commitment-Consistency-Prinzips und der Erkenntnisse aus der explorativen qualitativen Studie werden folgende Hypothesen aufgestellt:

H3a: Der negative Effekt einer Absage in einem Produkttester-Programm unter abgelehnten Bewerbern (im Vergleich zu Nicht-Bewerbern) auf die Kaufabsicht, vermittelt durch einen Anstieg der wahrgenommenen Skepsis, ist für Produkte mit hohen Preisen stärker als für Produkte mit niedrigen Preisen.

H3b: Der positive Effekt einer Absage in einem Produkttester-Programm unter abgelehnten Bewerbern (im Vergleich zu Nicht-Bewerbern) auf die Kaufabsicht, vermittelt durch einen Anstieg des wahrgenommenen Commitments, ist für Produkte mit hohen Preisen stärker als für Produkte mit niedrigen Preisen.

H3c: Der positive Effekt einer Absage in einem Produkttester-Programm unter abgelehnten Bewerbern (im Vergleich zu Nicht-Bewerbern) auf die Absicht, negatives Word-of-Mouth zu verbreiten, vermittelt durch einen Anstieg der wahrgenommenen Skepsis, ist bei Produkten mit hohen Preisen stärker als bei Produkten mit niedrigen Preisen.

H3d: Der negative Effekt einer Absage in einem Produkttester-Programm unter abgelehnten Bewerbern (im Vergleich zu Nicht-Bewerbern) auf die Absicht, negatives Word-of-Mouth, zu verbreiten, vermittelt durch einen Anstieg des wahrgenommenen Commitments, ist bei Produkten mit hohen Preisen stärker als bei Produkten mit niedrigen Preisen.

3.3.4 Effekt der Anzahl an Absagen

Die Anzahl an Absagen kann sowohl einen positiven Effekt als auch einen negativen Effekt auf die Kaufabsicht und die Absicht, negatives WOM zu verbreiten, der abgelehnten Bewerber haben. Es wurde bereits erforscht, dass Wiederholungen, z. B. von Werbung, einen positiven Lerneffekt auf den Menschen haben können. Dieser positive Effekt kann allerdings ab einer bestimmten Anzahl in einen negativen Effekt umschlagen und danach führt jede weitere Wiederholung zu Irritation (Kirmani 1997, S. 84 f.). Im Kontext von Bewerbungen können wiederholte Absagen zum Abbruch weiterer Bewerbungsversuche führen (Paul/Moser 2001, S. 83 ff.). In ähnlicher Weise fanden Fombelle, Bone und Lemon (2016, S. 685 f.) heraus, dass bei der Einreichung weiterer Ideen bei einem Unternehmen das Ergebnis früherer Einreichungen eine wichtige Rolle spielt. Eine wiederholte Absage kann dazu führen, dass der abgelehnte Bewerber es meidet, weitere Ideen einzureichen, weil er oder sie die Bedrohung des Selbstwertgefühls größer empfindet (Fombelle/Bone/Lemon 2016, S. 685 f.). Auch bei Wettbewerben und Gewinnspielen hängt die Wahrnehmung der Absage von den vorherigen Erfahrungen ab (Leclercq/Hammedi/Poncin 2018, S. 93).

Im Rahmen von Produkttests können sich einige Bewerber mehrmals für Produkttests bewerben und auch mehrfach abgelehnt werden. Dies geschieht vor allem bei großen Communities, wie der vom dm-drogerie markt oder Phillips. In der explorativen qualitativen Studie haben die 102 Teilnehmer im Durchschnitt bereits 5,9 Absagen erhalten. Auf Grundlage der Attributionstheorie und des Commitment-Consistency-Prinzips ist zu vermuten, dass die Anzahl der Absagen einen Einfluss auf die Wirkung von Absagen auf die wahrgenommene Skepsis und das wahrgenommene Commitment hat.

Der Attributionstheorie zufolge werden Produkttester, die wiederholt eine Absage erhalten, zunehmend den Produkttest in Frage stellen und immer skeptischer werden. Dieses höhere Maß an Skepsis führt dazu, dass abgelehnte Bewerber mit größerer Wahrscheinlichkeit z. B. das Unternehmen meiden und sich nicht mehr für Produkttests bewerben. Dies zeigte sich bereits in den Aussagen der Befragten in der explorativen qualitativen Befragung:

„Feel I was wasting time and wonder if the company were genuine.“ *(weiblich, 53)*,

„I get a little more annoyed with them each time I get rejected.“ *(weiblich, 52)*,

„I […] feel more despondent and have little trust in the company.“ *(weiblich, 50)*, und

„I would probably feel like not bothering to apply in future.“ *(weiblich, 24)*.

Gleichzeitig ist es auf Grundlage des Commitment-Consistency-Prinzips möglich, dass Bewerber, die sich wiederholt für die Produkttests eines Unternehmens bewerben, einen starken Wunsch zeigen, das Produkt zu testen. Dieser Wunsch kann sich mit jeder weiteren Bewerbung und anschließender Absage verstärken und damit das Commitment des Bewerbers weiter erhöhen. Eine immer wieder erneute Absage aufgrund einer immer wieder abgegebenen Bewerbung, hervorgebracht vom Verlangen nach konsistentem Verhalten, verstärkt das Commitment von Bewerbung zu Bewerbung weiter. Es kann außerdem ein Zeichen für die „blinde" Konsistenz sein, wenn ein Bewerber sich immer weiter bewirbt, obwohl er nie ausgewählt wird. Ohne nachzudenken bewirbt sich der Interessierte einfach weiter, weil er dies bereits mehrfach so gemacht hat. Zusätzlich steigt die Begierde mit jeder Absage, weil die Bewerber merken, dass sich offenbar viele Verbraucher für die Produkttests bewerben und nur wenige Bewerber das Privileg erhalten, als Tester ausgewählt zu werden. Das höhere Commitment führt zu weiteren Bewerbungen, auch wenn Bewerber mehrmals abgelehnt werden:

„It's desirable to be a tester." *(männlich, 42)*,

„Every rejection increases my desire be taken next time." *(männlich, 22)* und

„I would still continue to make applications." *(weiblich, 56)*.

Auf der Grundlage der theoretischen Argumente und der Ergebnisse der explorativen qualitativen Befragung werden folgende Hypothese aufgestellt:

H4a: Der negative Effekt einer Absage in einem Produkttester-Programm unter abgelehnten Bewerbern (im Vergleich zu Nicht-Bewerbern) auf die Kaufabsicht, vermittelt durch einen Anstieg der wahrgenommenen Skepsis, ist bei mehreren Absagen stärker als bei der ersten Absage.

H4b: Der positive Effekt einer Absage in einem Produkttester-Programm unter abgelehnten Bewerbern (im Vergleich zu Nicht-Bewerbern) auf die Kaufabsicht, vermittelt durch einen Anstieg des wahrgenommenen Commitments, ist bei mehreren Absagen stärker als bei der ersten Absage.

H4c: Der positive Effekt einer Absage in einem Produkttester-Programm unter abgelehnten Bewerbern (im Vergleich zu Nicht-Bewerbern) auf die Absicht, negatives Word-of-Mouth zu verbreiten, vermittelt durch einen Anstieg der wahrgenommenen Skepsis, ist bei mehreren Absagen stärker als bei der ersten Absage.

H4d: Der negative Effekt einer Absage in einem Produkttester-Programm unter abgelehnten Bewerbern (im Vergleich zu Nicht-Bewerbern) auf die Absicht, negatives Word-of-Mouth zu verbreiten, vermittelt durch einen Anstieg des wahrgenommenen Commitments, ist bei mehreren Absagen stärker als bei der ersten Absage.

3.3.5 Zusammenfassung der Hypothesen und Überblick über das Untersuchungsmodell

Einen Überblick über die postulierten Zusammenhänge gibt Abbildung 3.4.

Hypothese 1 lässt sich aus der Attributionstheorie und den Erkenntnissen der explorativen qualitativen Studie herleiten. Eine Absage in einem Produkttester-Programm erhöht die wahrgenommene Skepsis der abgelehnten Bewerber. Dieses Gefühl von Skepsis basiert auf dem Attributionsprozess, der in Gang gesetzt wird, da der abgelehnte Bewerber den Grund für die Absage verstehen möchte. Zum Selbstschutz der eigenen Person kann es allerdings zu einer Attributionsverzerrung kommen. Die Absage wird vom abgelehnten Bewerber als external verursacht, instabil und unkontrollierbar wahrgenommen. Die selbstwertdienliche Attributionsverzerrung und die vermeintliche Instabilität führen dazu, dass die Motive des Ereignisverursachers hinterfragt werden. Dies kann als negative Emotion Skepsis auslösen. Der Produkttest wird infrage gestellt. Daher kann ein Bewerber nach einer Absage skeptisch sein, ob das Unternehmen wirklich die Absicht hatte, die versprochenen Testprodukte zur Verfügung zu stellen, oder ob es den Produkttest nur als Werbung oder zum Sammeln von Bewerberdaten genutzt hat. Diese wahrgenommene Skepsis führt zu einer Abnahme der Kaufabsicht und einer Steigerung der Absicht, negatives WOM zu verbreiten.

Hypothese 2 lässt sich auf Basis des Commitment-Consistency-Prinzips und der Erkenntnisse der explorativen qualitativen Studie herleiten. Eine Absage in einem Produkttester-Programm erhöht das wahrgenommene Commitment des abgelehnten Bewerbers. Dieses Commitment tritt bereits mit der ersten Bewerbung ein, bei der der Interessierte eine aktive Entscheidung zur Bewerbung trifft. Im Anschluss an diese Entscheidung verspürt er ein Verlangen, sich konsistent zu verhalten, denn konsistentes Verhalten wird von der Gesellschaft als positive Eigenschaft geschätzt. Das bedeutet, dass er mit der Absage das innerliche Verlangen verspürt, sich konsistent zu verhalten und sein Commitment zum Unternehmen weiter zum Ausdruck zu bringen. Das gesteigerte Commitment führt dann wiederum zu einer Steigerung der Kaufabsicht und einer Abnahme der Absicht, negatives WOM zu verbreiten.

Hypothese 3 wird sowohl auf Basis der Attributionstheorie als auch des Commitment-Consistency-Prinzips und der Erkenntnisse der explorativen qualitativen Studie hergeleitet. Der Preis der Testprodukte kann je nach Programm variieren. Teure Testprodukte, die sie anschließend behalten können, sind für viele Bewerber erstrebenswerter als Produkte, die nur ein paar Euro kosten.

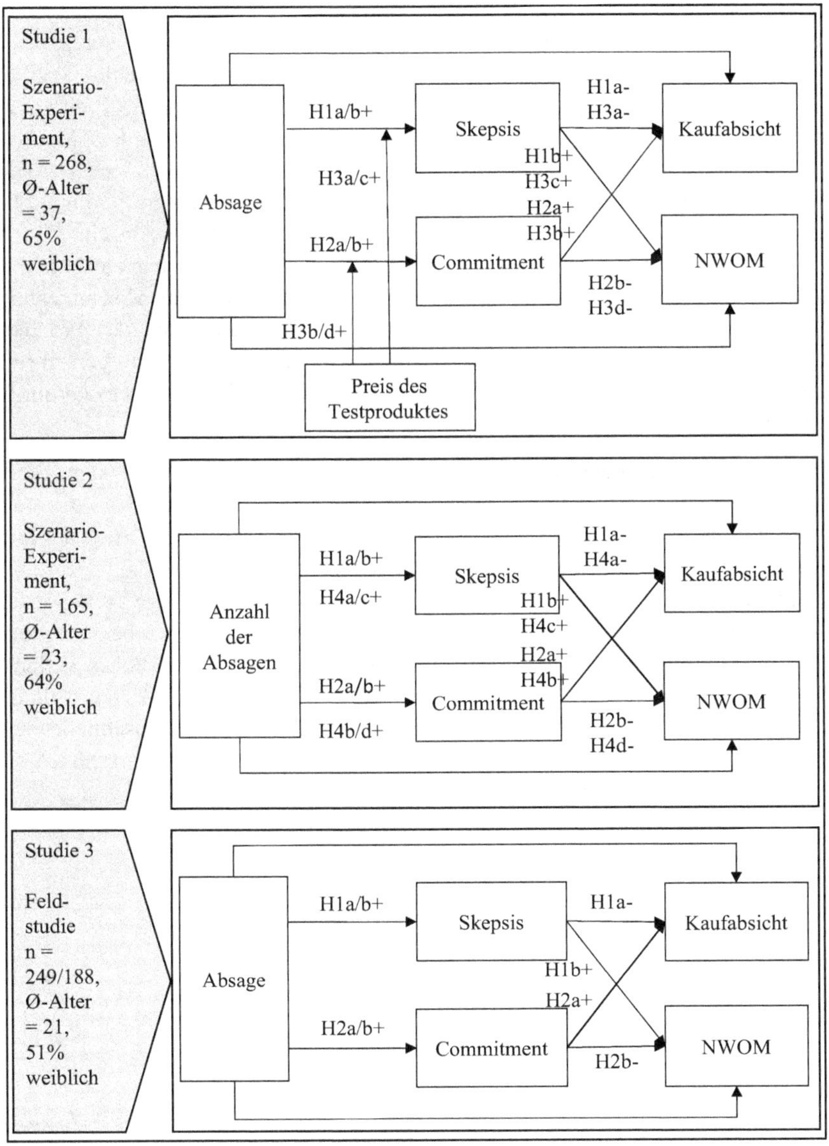

Abbildung 3.4 Zusammenfassung der postulierten Zusammenhänge. (Quelle: Eigene Darstellung)

In ihrem Attributionsprozess werden abgelehnte Bewerber annehmen, dass die Kosten eines Produkttests für das Unternehmen höher sind, wenn ein teures Testprodukt angeboten wird, da das Unternehmen das Testprodukt kostenlos abgibt. Nachdem sie eine Absage erhalten haben, werden sie das Produkttester-Programm eher infrage stellen, da die Unternehmen eine hohe Rendite aus dem Marketinginstrument erzielen wollen und die Kosten ausgleichen müssen. Sie werden skeptischer sein als bei einem Produkttest mit einem weniger teuren Produkt. Als Folge sinkt die Kaufabsicht der abgelehnten Bewerber und die Absicht, negatives WOM zu verbreiten, steigt. Gleichzeitig zeigen die Bewerber ein höheres Commitment, weil ein Produkt mit einem höheren Preis für den Konsumenten erstrebenswerter ist. Möglicherweise recherchieren sie mehr über das Produkt und denken länger darüber nach, bevor sie sich für teurere Produkte bewerben. Dieses höhere Commitment führt zu einer Steigerung der Kaufabsicht und einer Abnahme der Absicht, negatives WOM zu verbreiten.

Hypothese 4 wird ebenfalls sowohl aus der Attributionstheorie als auch dem Commitment-Consistency-Prinzip und den Erkenntnisse der explorativen qualitativen Studie hergeleitet. Die Anzahl an Absagen hat einen positiven Effekt auf die wahrgenommene Skepsis der abgelehnten Bewerber. Produkttester, die wiederholt eine Absage erhalten, werden zunehmend den Produkttest infrage stellen und immer skeptischer werden. Gleichzeitig ist es möglich, dass Bewerber, die sich wiederholt für die Produkttests eines Unternehmens bewerben, ein hohes Verlangen nach konsistentem Verhalten aufzeigen und das Produkt weiter testen wollen. Dieses Verlangen kann sich mit jeder weiteren Bewerbung und anschließender Absage verstärken und damit das Commitment des Bewerbers weiter erhöhen.

Empirische Untersuchung 4

In den folgenden Abschnitten wird die empirische Untersuchung mit ihren insgesamt drei Studien vorgestellt. Zu Beginn wird eine Übersicht über die Studien (**Abschnitt 4.1**) mit den getesteten Hypothesen gegeben. Anschließend wird die Wahl der Untersuchungsformen begründet (**Abschnitt 4.2**), danach werden Studie 1 (**Abschnitt 4.3**), Studie 2 (**Abschnitt 4.4**) und abschließend Studie 3 (**Abschnitt 4.5**) erläutert.

4.1 Übersicht über die Studien

Um die Hypothesen zu untersuchen, wurden zwei experimentelle Studien und eine Feldstudie durchgeführt. Abbildung 3.4 (Abschnitt 3.3.5) zeigte bereits die drei durchgeführten Studien im Detail. In Studie 1 werden experimentell die negativen und positiven Verhaltensfolgen von Absagen im Rahmen von Produkttester-Programmen sowie die zugrunde liegenden psychologischen Mechanismen analysiert. Es wird untersucht, inwieweit die abgelehnten Bewerber Skepsis und Commitment erleben und wie sich diese Variablen auf ihre Kaufabsicht und die Absicht, negatives WOM zu verbreiten, auswirken. Zusätzlich wird der Einfluss des Preises des Testprodukts als Moderator getestet. Dazu wurde ein Szenarioexperiment mit insgesamt 268 Teilnehmern durchgeführt und mittels PROCESS ausgewertet. Aufbauend auf Studie 1 werden in Studie 2 die

Ergänzende Information Die elektronische Version dieses Kapitels enthält Zusatzmaterial, auf das über folgenden Link zugegriffen werden kann https://doi.org/10.1007/978-3-658-45383-1_4.

K. L. Küpper, *Negative und positive Effekte von Absagen in Online-Produkttester-Programmen*, Applied Marketing Science / Angewandte Marketingforschung, https://doi.org/10.1007/978-3-658-45383-1_4

angenommenen Auswirkungen der Anzahl an Absagen auf das Kundenverhalten getestet. An diesem Szenarioexperiment nahmen 165 Teilnehmer teil und es wurde ebenfalls mit PROCESS ausgewertet. Die Feldstudie (Studie 3) repliziert die Ergebnisse in einer realen Umgebung. Studierende hatten die Möglichkeit, sich für einen realen Produkttest für ein Unisex-T-Shirt in einem Universitätsdesign zu bewerben. Um Selbstselektionseffekte zu reduzieren, werden der Ansatz des statistischen Matchings und der Difference-in-Differences-Ansatz angewendet.

4.2 Begründung der Untersuchungsformen

Die Hypothesen werden im Folgenden in zwei experimentellen Studien und einer Feldstudie überprüft. Bei diesem Ansatz kann von einem **Mixed-Methods-Ansatz** gesprochen werden. Bedeutende Vertreter sprechen von Mixed-Method, wenn verschiedene Datenquellen und Design-Elemente verwendet werden, um verschiedene Perspektiven aufzudecken. Mithilfe dieses Ansatzes sollen sowohl die Validität gesteigert als auch ein breiteres Verständnis des untersuchten Phänomens gewonnen werden (Kuckartz 2014, S. 30 ff.). Wird die explorative qualitative Studie aus Abschnitt 3.1 hinzugenommen, so werden auch diejenigen Voraussetzungen einiger Vertreter erfüllt, die besagen, dass auch qualitative Daten erhoben und analysiert werden sollen. Beim Mixed-Method-Ansatz geht es folglich um die Kombination qualitativer und quantitativer Daten. Aufgrund der vorausgehenden explorativen qualitativen Studie wird in diesem Fall von einem **sequenziellen Design** gesprochen, bei dem die qualitative Studie den quantitativen Studien vorausgeht (Verallgemeinerungsdesign) (Kuckartz 2014, S. 77). Die quantitativen Studien sind in dieser Reihenfolge dafür da, um die qualitativen Befunde zu verallgemeinern. Dies geschieht u. a. mittels einer höheren Stichprobenzahl als bei der qualitativen Studie (Kuckartz 2014, S. 81 f.).

Da auf Grundlage der Theorie und der explorativen qualitativen Studie Hypothesen gebildet wurden, wird bei den Szenarioexperimenten, die eine Art der Laborexperimente sind, und der Feldstudie auch von **explanativen** Studien gesprochen. Diese Studien dienen dazu, die zuvor aufgestellten Hypothesen auf ihre Gültigkeit zu überprüfen. Döring und Bortz (2016, S. 194) definieren das Ziel eines Experiments wie folgt: „Ziel eines Experiments […] ist die theoriegestützte Überprüfung des kausalen Einflusses einer oder mehrerer unabhängiger Variablen […] auf die Ausprägungen einer oder mehrerer abhängiger Variablen" (Döring/Botz 2016, S. 194). Sie testen mit ihren quantitativen Daten die zuvor postulierten Effekte. Experimentelle Studien eignen sich am besten zum Nachweis von

Kausalität, d. h. von Ursache-Wirkungs-Beziehungen, zwischen Effekten. Damit eine explanative Studie einen Kausalschluss zulässt, müssen mindestens zwei Untersuchungsgruppen gebildet und verglichen werden (Experimentalgruppe vs. Kontrollgruppe). Bei experimentellen Studien erfolgt die Zuordnung zu den beiden Gruppen mithilfe zufälliger Zuordnung (Randomisierung). Dies ist auch bei den beiden folgenden Szenarioexperimenten der Fall. Somit weisen Laborexperimente in der Regel eine hohe interne Validität, aber eine begrenzte externe Validität auf (Koschate 2008, S. 111; Schnell/Hill/Esser 2011, S. 218 f.).

Bei der Feldstudie hingegen wird von einem Quasi-Experiment gesprochen, da die Probanden nicht mithilfe einer Randomisierung den Gruppen zugeteilt werden, sondern sich selbst in eine der Gruppen einteilen (Döring/Bortz 2016, S. 193; Schnell/Hill/Esser 2011, S. 221 f.). Das zentrale Problem der Quasi-Experimente ist die daraus resultierende Selbstselektion. Korrekte Analysen müssen daher diese Selbstselektionseffekte berücksichtigen. Ein geeignetes Verfahren, das in dieser Arbeit Anwendung findet, ist das Propensity Score Matching (Schnell/Hill/Esser 2011, S. 222). Eine Feldstudie ist gut dafür geeignet, die Hypothesen zu überprüfen, da sie im Gegensatz zu Szenarioexperimenten echtes Verhalten abbildet. Die Teilnehmer befinden sich in keiner künstlichen Situation, die sie sich vorstellen sollen, sondern erleben diese Situation. Diesen Studien wird daher generell eine höhere externe Validität zugeschrieben (Schnell/Hill/Esser 2011, S. 218).

Mit der Kombination von sowohl qualitativen als auch quantitativen Daten und der Kombination von Labor- und Feldstudien ist davon auszugehen, dass nach der Durchführung der Studien generalisierbare Aussagen über die Effekte von Absagen in Produkttester-Programmen getroffen werden können.

4.3 Studie 1 – Konsequenzen von Absagen und die Rolle des Produktpreises

In diesem Abschnitt wir zuerst das Studienziel festgelegt (**Abschnitt 4.3.1**). Daran anschließend wird das Studiendesign (**Abschnitt 4.3.2**) und die Durchführung des Experiments beschrieben (**Abschnitt 4.3.3**). Darauffolgend werden die Rekrutierung und die Zusammensetzung der Stichprobe vermittelt (**Abschnitt 4.3.4**) und die Operationalisierung der Variablen erläutert (**Abschnitt 4.3.5**). Abschließend erfolgt die Präsentation der Ergebnisse (**Abschnitt 4.3.5**).

4.3.1 Studienziel

Mittels der ersten explorativen qualitativen Befragung und der theoretischen Grundlagen sind erste Erkenntnisse bezüglich der Wahrnehmung und des Verhaltens von abgelehnten Bewerbern in Online-Produkttester-Programmen generiert worden. Die folgende Studie verfolgt das Ziel, die psychologisch vermuteten Mechanismen und das Verhalten der abgelehnten Bewerber in einem ersten Szenarioexperiment zu testen. Dabei werden sowohl die direkten Effekte einer Absage in einem Online-Produkttester-Programm auf die Kaufabsicht und die Absicht, negatives WOM zu verbreiten, untersucht als auch die indirekten Effekte auf die wahrgenommene Skepsis und das wahrgenommene Commitment gegenüber dem ablehnenden Unternehmen analysiert. Zusätzlich wird mit einer Manipulation des Preises des Testprodukts dessen Einfluss auf die wahrgenommene Skepsis und das wahrgenommene Commitment des abgelehnten Bewerbers untersucht.

4.3.2 Studiendesign

Als Studiendesign wurde ein Szenarioexperiment gewählt, das online durchgeführt wurde. Das Szenario stellt eine fiktive Situation dar, in die sich die Probanden hineinversetzen sollten (Eroglu 1987, S. 236). Bei der folgenden Studie handelt es sich um einen **Versuchsplan mit Zufallsgruppenbildung**. Dieser ist davon gekennzeichnet, dass die Gesamtgruppe von Probanden zufällig einer der Versuchsgruppen zugeordnet wird. Somit durchläuft jeder Proband auch nur eine experimentelle Bedingung (**Between-Subjects-Design**; Koschate-Fischer/Schandelmaier 2014, S. 802). Mit der Randomisierung wird sichergestellt, dass personenbezogene Merkmale bei der Zuordnung der Probanden keinerlei Effekte auf die abhängigen Variablen haben (Aaker et al. 2013, S. 281 f.; Eifler/Leitgöb 2022, S. 231 f.). Die Randomisierung stellt daher eine versuchsplanerische Kontrolltechnik dar. Bei der Studie wurde ein **Design ohne Vorher-Messung** ausgewählt, d. h., dass die Treatmentgruppe den Stimulus erhält, in diesem Fall die Bewerber eine Absage erhalten, und die Kontrollgruppe den Stimulus nicht erhält (Kreis/Wildner/Kuß 2021, S. 200 f.; Patry 1982, S. 25). In der vorliegenden Studie bewirbt sich die Kontrollgruppe nicht für den Produkttest, denn sie erhält keine Informationen zu dem Produkttest. Des Weiteren handelt es sich um ein **mehrfaktorielles Versuchsdesign**. Die unabhängige Variable Absage wird auf zwei Stufen manipuliert, genauso wie die unabhängige Variable des Preises. Somit ergibt sich ein 2-x-2-Design mit insgesamt vier Experimentalgruppen. Der

Vorteil eines mehrfaktoriellen Designs liegt darin, dass die Wirkung jeder einzelnen unabhängigen Variablen bestimmt, aber auch die Wechselwirkung zwischen den Variablen analysiert werden kann (Koschate 2008 S. 113 ff.; Eifler/Leitgöb 2022, S. 235). Das Experimentaldesign ist in Abbildung 4.1 dargestellt.

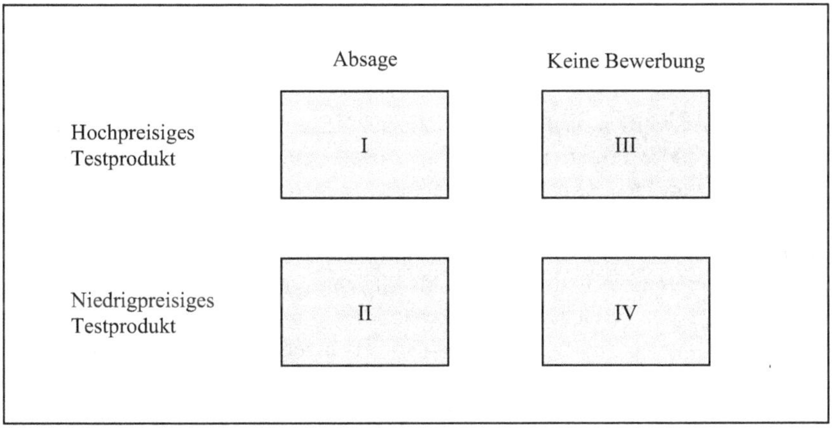

Abbildung 4.1 Experimentaldesign Szenarioexperiment 1. (Quelle: Eigene Darstellung)

4.3.3 Durchführung

Das Szenarioexperiment wurde online über die Webseite SoSci Survey programmiert und den Probanden über einen Link zur Verfügung gestellt. Diesen konnten die Probanden über das Smartphone oder einen Computer aufrufen und ausfüllen. Die Randomisierung der Teilnehmer wurde über die Programmierung sichergestellt. Alle Probanden nahmen freiwillig und ohne Incentivierung an dem Experiment teil.

Zu Beginn des Experiments wurden die Probanden mit einem kurzen Einleitungstext begrüßt und erhielten die Information, dass mittels der Studie die Auswirkungen von Produkttests untersucht werden soll. Anschließend wurde den Probanden eines der insgesamt vier Szenarien präsentiert und sie wurden aufgefordert, sich in die Situation hineinzuversetzen. Im Anschluss an das Szenario wurden dann Fragen zu den abhängigen Variablen präsentiert und darauffolgend die Mediatorvariablen abgefragt. Die Probanden wurden ebenfalls aufgefordert, die Realitätsnähe der Situation zu bewerten, und es wurde mittels eines Manipulationschecks sichergestellt, dass die im Szenario durchgeführte Manipulation wahrgenommen wurde. Abschließend wurden die Probanden gebeten, einige demographische Angaben zu ihrer Person zu machen.

4.3.4 Rekrutierung und Zusammensetzung der Stichprobe

Die Teilnehmer wurden nach einem ähnlichen Verfahren wie bei Tokman, Davis und Lemon (2007) rekrutiert. Den Studierenden eines Bachelorkurses wurden Altersquoten vorgegeben, nach denen sie die Teilnehmer rekrutierten. Insgesamt bestand die Stichprobe aus 268 Teilnehmern. In der Treatmentgruppe befanden sich dabei 140 Teilnehmer und in der Kontrollgruppe 128 Teilnehmer. Das Alter der Teilnehmer erstreckte sich von 16 bis 70 Jahren und betrug im Durchschnitt 37 Jahre. 65 % der Teilnehmer waren weiblich, 35 % männlich und 0 % divers. Als Bildungsstand haben 1 % der Teilnehmer angegeben, dass sie keinen Bildungsabschluss besitzen, 7 % einen Hauptschulabschluss, 26 % einen mittleren Schulabschluss, 34 % (Fach)-Abitur und 32 % einen Hochschulabschluss.

4.3.5 Operationalisierung der Variablen

Die zwei **unabhängigen Variablen Absage und Preis** wurden in diesem Experiment im Szenario operationalisiert. Jeder Teilnehmer sollte sich vorstellen, dass er im Internet nach einer neuen Digitalkamera sucht und eine Anzeige der fiktiven Marke Foto-Star findet, wie in Abbildung 4.2 dargestellt.

Seite 1:
Stellen Sie sich vor, Sie surfen im Internet und suchen eine neue Digitalkamera.
Sie finden folgendes Angebot für eine Digitalkamera:

Foto-Star

Foto-Star Vollformat Digitalkamera

Erleben Sie die neuste Technik und weitere Innovationen der Bildverarbeitung!
Für einen Preis von **599,99€** erhalten Sie die Technik, um einzigartige Momente nach Ihren Vorstellungen einzufangen!

Mehr erfahren | Jetzt kaufen

Seite 2:
Sie entscheiden sich dafür, sich als Produkttester für die Digitalkamera von Foto-Star zu bewerben:

Foto-Star

Jetzt als Produkttester bewerben und exklusiv testen!

So geht´s:

1. Bewerben Sie sich
2. Erhalten Sie Ihr Test-Produkt
3. Testen Sie das Produkt
4. Schreiben Sie eine Bewertung
5. Behalten Sie Ihr Produkt

Nach Ablauf der Bewerbungsfrist erhalten Sie eine **Absage.**

Abbildung 4.2 Szenariobeschreibung Szenarioexperiment 1. (Quelle: Eigene Darstellung)

Es wurde eine fiktive Marke gewählt, um mögliche Verzerrung aufgrund der Erfahrung mit einer realen Marke auszuschließen und die Digitalkamera wurde als Testprodukt gewählt, da technische Produkte stets weiterentwickelt werden und für jedes Geschlecht interessant sind. Neben einer kurzen Beschreibung der Digitalkamera war ein Foto dieser Kamera abgebildet. Unter der Beschreibung der Kamera war es den Teilnehmern der Produkttester-Gruppe (Treatmentgruppe) möglich, sich für einen Produkttest zu dieser Kamera zu bewerben. Die Nicht-Bewerber-Gruppe (Kontrollgruppe) konnte die Kamera lediglich käuflich erwerben und erhielt keine Informationen bezüglich eines möglichen Produkttests. Die Treatmentgruppe erhielt auf der darauffolgenden Seite Informationen zum Ablauf des Produkttests und die Information, dass sie nach Ablauf der Bewerbungsfrist eine Absage vom Unternehmen erhalten haben. Für die Manipulation des Preises wurde innerhalb der kurzen Produktbeschreibung für alle Teilnehmer auch der Preis der Kamera bekannt gegeben. In zwei der vier Szenarien wurde dabei ein hoher Produktpreis von 599,99 € angezeigt und den anderen zwei Szenarien ein niedriger Produktpreis von 69,99 €.

Die zwei **abhängigen Variablen** Kaufabsicht und negatives WOM wurden, angelehnt an Kim et al. (2023, S. 444), mit der Abfrage der Wahrscheinlichkeit in % gemessen (0 % = sehr unwahrscheinlich; 100 % = sehr wahrscheinlich). Dabei sollen die Probanden jeweils beurteilen, für wie wahrscheinlich sie es halten, dass sie das Produkt kaufen bzw. überwiegend negativ über Foto-Star berichten. Somit konnten die Teilnehmer sehr genau ihre Absicht zum Kauf des Testprodukts und ihrer Absicht, negatives WOM zu verbreiten, angeben. Die Abfrage der abhängigen Variablen mit einem Item wurde nach der Studie von Bergkvist und Rossiter (2007) umgesetzt, da die Variablen konkret formuliert waren. So kann eine ebenso hohe Validität erreicht werden wie mit einer Operationalisierung mit mehreren Items (Bergkvist/Rossiter 2007, S. 182 f.; Mende/Bolton/Bitner 2013, S. 131).

Die **Mediatorvariablen** Skepsis und Commitment als psychologische Mechanismen wurden jeweils auf siebenstufigen Likert-Skalen gemessen, die von 1 = „stimme gar nicht zu“ bis 7 = „stimme voll und ganz zu“ reichten. Dabei wird auf bereits etablierte Mulit-Item-Skalen zurückgegriffen. Die Items für die Variable Skepsis wurden von Eggert, Steinhoff und Garnefeld (2015, S. 217) adaptiert. Die Probanden sollten mithilfe von drei Items angeben, wie skeptisch sie die Anzeige der Digitalkamera von Foto-Star werden lässt. Die Items für die Variable Commitment wurden von Fullerton (2005, S. 1 381) adaptiert. Dabei sollten die Probanden innerhalb von drei Aussagen angeben, wie verbunden sie sich mit der Marke Foto-Star fühlen. Die Items beider Variablen wurden jeweils ins Deutsche übersetzt und an das Szenario angepasst. Eine Übersicht über die Operationalisierung der Skalen ist in Tabelle 4.1 abgebildet.

Tabelle 4.1 Operationalisierung Szenarioexperiment 1

Konstrukt	Items
Kaufabsicht	Ich würde mit einer Wahrscheinlichkeit von ... % die Vollformat-Digitalkamera von Foto-Star erwerben.
Negatives WOM	Mit einer Wahrscheinlichkeit von ... % werde ich überwiegend Negatives über Foto-Star berichten.
Skepsis	Das Angebot der Vollformat-Digitalkamera von Foto-Star macht mich skeptisch.
	Das Angebot der Vollformat-Digitalkamera von Foto-Star lässt mich stutzig werden.
	Das Angebot der Vollformat-Digitalkamera von Foto-Star löst in mir Misstrauen aus.
Commitment	Ich fühle mich emotional verbunden mit der Marke Foto-Star.
	Die Marke Foto-Star hat eine wichtige Bedeutung für mich.
	Ich kann mich mit der Marke Foto-Star identifizieren.

Quelle: Eigene Darstellung.

4.3.6 Ergebnisse

In den folgenden Abschnitten werden die Ergebnisse der Studie aufgeführt. Zuerst werden die Ergebnisse der Manipulations- und Realitätschecks (**Abschnitt 4.3.6.1**) sowie der Konstruktmessung (**Abschnitt 4.3.6.2**) vorgestellt. Abschließend folgt die Überprüfung der Hypothesen (**Abschnitt 4.3.6.3**).

4.3.6.1 Manipulations- und Realitätscheck

Zunächst wurde überprüft, ob die Manipulation der Absage erfolgreich war. Dafür wurden die Probanden im Fragebogen gefragt, ob sie eine Absage für den Produkttest der Vollformat-Digitalkamera von Foto-Star erhalten haben. Die Treatmentgruppe, die im Szenario die Informationen bezüglich des Produkttests und deren Absage im Anschluss an die Bewerbungsphase erhalten hat, unterschied sich signifikant von der Kontrollgruppe, die keine Informationen zu einem Produkttest erhalten hat. ($t(234{,}79) = -9{,}16$; $p < 0{,}01$; $M_{Absage} = 5{,}03$; $SD_{Absage} = 2{,}45$; $M_{Keine\ Bewerbung} = 2{,}59$; $SD_{keine\ Bewerbung} = 1{,}84$); 1 = „stimme gar nicht zu", 7 = „stimme voll und ganz zu"). Somit war eine erfolgreiche Manipulation gewährleistet.

Anschließend wurde überprüft, ob die Manipulation des Preises des Testprodukts erfolgreich war. Der Preis des Testprodukts wurde in der kurzen Beschreibung des Produkts im Szenario angegeben und betrug 69,99 € (niedriger Preis) oder 599,99 € (hoher Preis). Auch hier unterschieden sich die Experimentalgruppen mit hohem angegeben Preis signifikant von den Experimentalgruppen mit niedrigem angegebenen Preis ($t(255{,}42) = -10{,}60$; $p < 0{,}01$; $M_{hoch} = 4{,}66$; $SD_{hoch} = 1{,}44$; $M_{niedrig} = 2{,}71$; $SD_{niedrig} = 1{,}56$; 1 = „stimme gar nicht zu", 7 = „stimme voll und ganz zu"). Daher war auch in diesem Fall die Manipulation des Preises erfolgreich.

Zusätzlich wurde mittels eines Realitätschecks sichergestellt, dass die Probanden das Szenario als realistisch empfanden. Dafür wurden sie gefragt, ob sie sich gut in die beschriebene Situation hineinversetzen konnten. Laut dem Realitätscheck wurde das Szenario als realistisch empfunden und die Probanden konnten sich die Situation leicht vorstellen ($M = 4{,}18$, $SD = 1{,}97$; 1 = „stimme gar nicht zu", 7 = „stimme voll und ganz zu").

4.3.6.2 Konstruktmessung

Aufschluss über die Qualität der Operationalisierung der abhängigen Variablen werden im Rahmen der Konstruktmessung überprüft. Entscheidend bei der Beurteilung sind die Reliabilität und Validität der Konstrukte. Ein verbreitetes Verfahren zur Überprüfung der Güte ist die **konfirmatorische Faktorenanalyse**. Diese dient dazu, die vorliegenden Indikatoren im Hinblick auf ihre Faktorenstruktur zu untersuchen und anschließend zu Faktoren zusammenzufassen (Homburg/Giering 1996, S. 9).

Zur Messung der **Konstruktreliabilität** wird häufig das Cronbachsche Alpha (Cronbach 1951, S. 297) herangezogen. Es misst die Reliabilität einer Gruppe von Indikatoren, die auf einen Faktor laden, und gibt die interne Konsistenz der Indikatoren an (Homburg/Giering 1996, S. 8). Je höher der Alpha-Wert der Koeffizienten ist, desto höher ist die Reliabilität. Häufig wird dabei eine Untergrenze von 0,7 nach dem Vorschlag von Nunnally (1987, S. 245) angenommen. Darüber hinaus wird häufig zusätzlich die durchschnittliche erfasste Varianz analysiert, bei der ebenfalls ein hoher Reliabilitätswert (< 0,5) erstrebenswert ist (Homburg/Giering 1996, S. 11). Die durchschnittlich erfasste Varianz gibt dabei den Varianzumfang eines Konstrukts in Relation zum Varianzumfang eines Messfehlers an (Fornell/Larcker 1981, S. 45 f.)

Neben der Beurteilung der Reliabilität können die Faktorreliabilität und die durchschnittlich erfasste Varianz unter Hinzunahme der Faktorladungen auch zur Überprüfung der Konvergenzvalidität genutzt werden. Wenn alle Indikatoren ausreichend hoch auf einen Faktor laden (Faktorladung < 0,7), können diese eindeutig dem Faktor zugeordnet werden und gelten als konvergenzvalide (Homburg/Giering 1996, S. 8; Hulland 1999, S. 198). Neben der Konvergenzvalidität ist auch noch die Diskriminanzvalidität zu prüfen, um sicherzugehen, dass eine **Konstruktvalidität** vorhanden ist. Für die Bestimmung der Diskriminanzvalidität wird die Quadratwurzel der durchschnittlich erfassten Varianz mit den Korrelationen der anderen Konstrukte verglichen. Wenn diese größer ist als die anderen Korrelationen, so wird von Diskriminanzvalidität gesprochen (Fornell/Larcker 1981, S. 46).

Die Konstrukte Skepsis und Commitment wurden mittels der konfirmatorischen Faktorenanalyse überprüft. Wie in Tabelle 4.2 dargestellt, liegt die Konstruktreliabilität der Skalen mit Cronbachs Alpha-Werten von 0,97 (Skepsis) und 0,98 (Commitment) über dem geforderten Wert von 0,8. Auch die durchschnittlich erfasste Varianz liegt mit Werten von 0,95 (Skepsis) und 0,88 (Commitment) über dem Schwellenwert von 0,5. Somit können die Variablen Skepsis und Commitment als reliabel betrachtet werden. Die Konvergenz- und Diskriminanzvariabilität für die Variablen Skepsis und Commitment wurde ebenfalls überprüft. Die Faktorladungen übertreffen mit mind. 0,97 (Skepsis) und 0,91 (Commitment) den Schwellenwert von 0,7 und auch das Fornell-Larcker-Kriterium bestätigt die Diskriminanzvalidität.

Tabelle 4.2 Überprüfung der Konstruktmessung Szenarioexperiment 1

Konstrukt	MW	SE	Faktorladung (> 0,7)[1]	Cronbachs α (> 0,7)[1]	DEV (> 0,5)[1]	Konstruktkorrelationen Skepsis	 Commitment
Kaufabsicht	27,44	26,99					
Negatives WOM	26,57	29,16					
Skepsis	4,12	2,04	0,973	0,97	0,95 (0,97)[2]		−0,08
	4,09	2,00	0,979				
	4,03	2,07	0,973				
Commitment	1,78	1,26	0,938	0,93	0,88 (0,94)[2]	−0,08	
	1,77	1,30	0,954				
	1,82	1,33	0,914				

MW = Mittelwert; SE = Standardabweichung; DEV = durchschnittlich erfasste Varianz
[1] Die Zahlen in Klammern sind die Schwellenwerte.
[2] Die Zahlen in Klammern sind die Quadratwurzeln der DEV.
Quelle: Eigene Darstellung.

4.3.6.3 Hypothesenüberprüfung

Für die Hypothesentests wurde das PROCESS-Verfahren (Hayes 2018) verwendet. Zuerst werden mit Modell 4 die Effekte der Absage auf die Kaufabsicht und die Absicht, negatives WOM zu verbreiten, analysiert. Zusätzlich werden die indirekten Effekte über die wahrgenommene Skepsis und das Commitment ausgewertet. Eine Übersicht der Analyse mittels PROCESS-Modell 4 ist in Abbildung 4.3 aufgeführt.

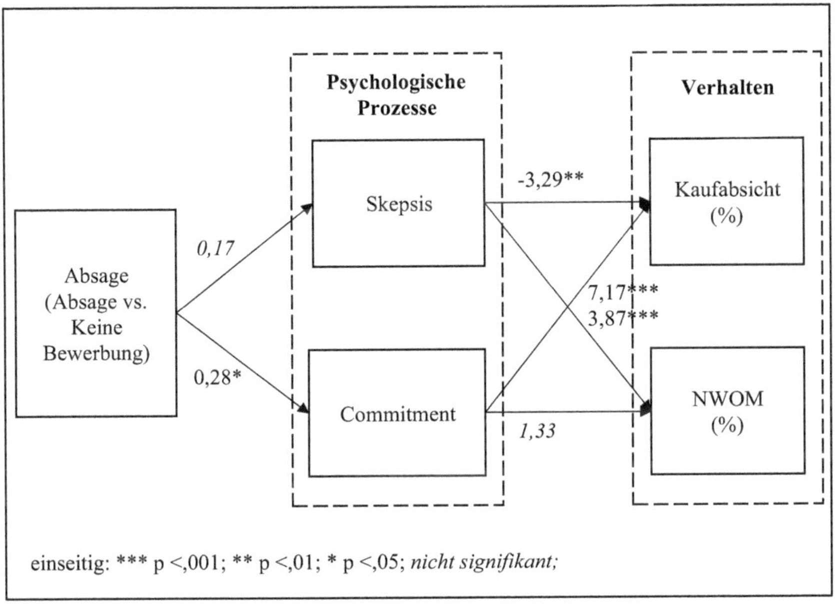

Abbildung 4.3 Ergebnisse PROCESS-Model 4 Szenarioexperiment 1. (Quelle: Eigene Darstellung)

Mit Modell 4 wurde der mediierte Effekt einer Absage auf die Kaufabsicht der abgelehnten Bewerber über Skepsis (H1a) und Commitment (H2a) analysiert. Das Bootstrap-Verfahren (5 000 Stichproben) ergab Konfidenzintervalle (CI), die 0 für den indirekten Effekt über das Commitment ausschlossen (b = 2,03, SE = 1,09, 90 % CI = [0,29, 3,86]), aber nicht für den indirekten Effekt über die Skepsis (b = −0,38, SE = 0,81, 90 % CI = [−1,77, 0,92]). Somit kann Hypothese H2a bestätigt werden, Hypothese H1a nicht. Der direkte Effekt einer Absage auf die Kaufabsicht der Bewerber war nicht signifikant (t = −1,63, p = 0,11, 90 % CI = [−9,94, 0,08]), ebenso wenig wie der Gesamteffekt (b = −3,29, p = 0,32, 90 % CI = [−8,74, 2,16]).

In einem zweiten Schritt wurde analysiert, ob die Skepsis (H1b) der Bewerber nach einer Absage in einem Online-Produkttest und das Commitment (H2b) den Effekt einer Absage auf die Absicht, negatives WOM zu verbreiten, mediiert. Das generierte CI schloss 0 für beide indirekten Effekte ein (Skepsis: b = 0,45, SE = 0,98, 90 % CI = [−1,06, 2,13]; Commitment: b = 0,38, SE = 0,44, 90 % CI =

[−0,20, 1,18]). Somit können H1b und H2b nicht bestätigt werden. Der direkte Effekt einer Absage auf die Absicht der Bewerber, negatives WOM zu verbreiten, war signifikant positiv (t = 3,02, p = 0,003, 90 % CI = [4,68, 15,96]), ebenso wie der Gesamteffekt (b = 11,15, p = 0,002, 90 % CI = [5,36, 16,94]).

Anschließend wurde ein Test der moderierten Mediation (Modell 7, 5 000 Stichproben) durchgeführt, um zu prüfen, ob der Preis des Testprodukts die vermuteten indirekten Effekte einer Absage auf die Kaufabsicht der Bewerber und die Absicht, negatives WOM zu verbreiten (H3a, H3b, H3c und H3d), moderiert. Eine Übersicht der Analyse mittels PROCESS-Modell 7 zeigt Abbildung 4.4.

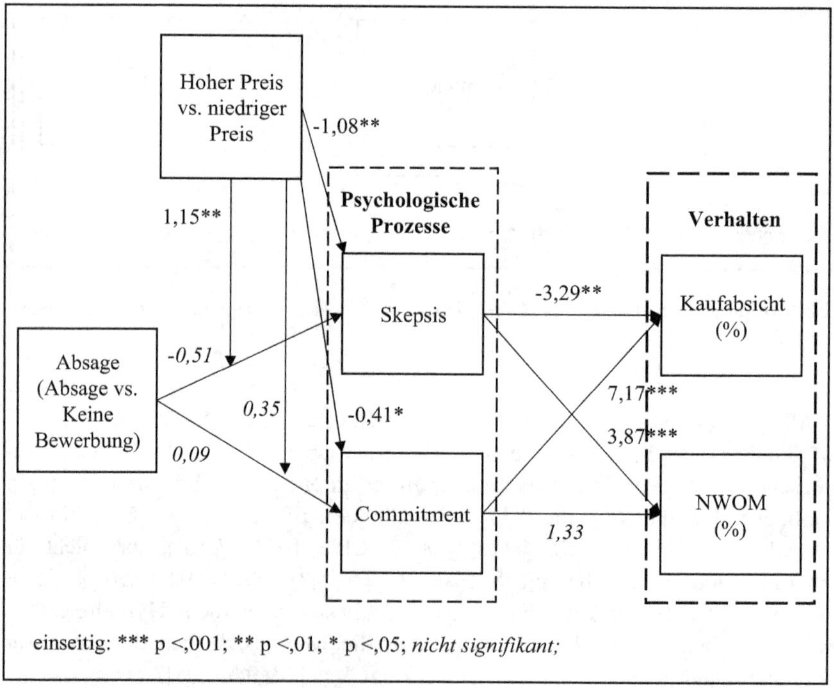

Abbildung 4.4 Ergebnisse PROCESS-Model 7 Szenarioexperiment 1. (Quelle: Eigene Darstellung)

Zur Unterstützung von H3a wurde ein signifikanter indirekter Effekt zwischen Absage und einem hohen Produktpreis auf die Kaufabsicht der Bewerber aufgrund der wahrgenommenen Skepsis (b = −3,79, SE = 1,75, 90 % CI =

[−6,85, −1,12]) festgestellt. Diese Ergebnisse deuten darauf hin, dass die Kaufabsicht der Bewerber, mediiert durch Skepsis, abnimmt, wenn der Preis des Testprodukts hoch ist (hoher Preis: b = −2,12, SE = 1,18, 90 % CI = [−4,15, −0,30]). Der indirekte Effekt zwischen Absage und einem niedrigen Produktpreis auf die Kaufabsicht des abgelehnten Bewerbers, mediiert durch die Skepsis, ist nicht signifikant (niedriger Preis: b = 1,67, SE = 1,21, 90 % CI = [−0,21, 3,76]). Entgegen der Hypothese H3b hat der Preis jedoch keinen Einfluss auf den indirekten Effekt der Absage auf die Kaufabsicht der abgelehnten Bewerber, mediiert durch das wahrgenommene Commitment (b = 2,49, SE = 2,29, 90 % CI = [−0,97, 6,57]). Der direkte Effekt einer Absage auf die Kaufabsicht der abgelehnten Bewerber ist nicht signifikant (t = −1,41, p = 0,17, 90 % CI = [−0,99, 0,09]), ebenso wenig wie der Gesamteffekt auf beiden Preisniveaus (niedriger Preis: b = −5,19, SE = 5,18, 90 % CI = [−13,77, 3,40]; hoher Preis: b = −1,97, SE = 4,15, 90 % CI = [−8,85, 4,91].

Im nächsten Schritt wurden die Effekte auf die abhängige Variable negatives WOM analysiert (H3c und H3d). Es wurde ein signifikanter indirekter Effekt einer Absage und des Produktpreises auf die Absicht, negatives WOM zu verbreiten, gefunden, mediiert durch die Skepsis (b = 4,46, SE = 2,18, 90 % CI = [1,27, 8,28]) für einen hohen Produktpreis. Somit kann Hypothese H3c bestätigt werden. Diese Ergebnisse deuten darauf hin, dass die Absicht der abgelehnten Bewerber, negatives WOM zu verbreiten, mediiert durch die wahrgenommene Skepsis, zunimmt, wenn der Produktpreis des Testprodukts hoch ist (hoher Preis: b = 2,50, SE = 1,43, 90 % CI = [0,37, 5,07]). Auch hier wurde kein signifikanter Effekt für einen niedrigen Produktpreis (niedriger Preis: b = −1,96, SE = 1,44, 90 % CI = [−4,44, 0,20]) festgestellt. Der Preis hat keinen Einfluss auf den indirekten Effekt der Absage auf die Absicht, negatives WOM zu verbreiten, mediiert über das wahrgenommene Commitment (b = 0,46, SE = 0,70, 90 % CI = [−0,36, 1,79]). Hypothese H3d kann somit nicht bestätigt werden. Der Preis beeinflusst jedoch direkt die wahrgenommene Skepsis (t = −3,25, p = 0,001, 90 % CI = [−1,63, −0,53]) und das wahrgenommene Commitment (t = −1,99, p = 0,05, 90 % CI = [−0,74, −0,07]). Der direkte Effekt einer Absage auf die Absicht, negatives WOM zu verbreiten, ist signifikant positiv (t = 3,02, p = 0,002, 90 % CI = [4,68, 15,96] sowie der Gesamteffekt für hochpreisige Produkte (niedrigpreisig: b = 6,60, SE = 5,00, 90 % CI = [−1,69, 14,89]; hochpreisig: b = 15,38, SE = 4,90, 90 % CI = [7,26, 23,50]).

4.4 Studie 2 – Konsequenzen von Absagen und die Rolle der Anzahl an Absagen

In den folgenden Abschnitten wird zuerst das Studienziel beschrieben (**Abschnitt 4.4.1**), bevor dann das Studiendesign (**Abschnitt 4.4.2**), die Durchführung (**Abschnitt 4.4.3**), die Rekrutierung und Zusammensetzung der Stichprobe (**Abschnitt 4.4.4**) und die Operationalisierung der Variablen (**Abschnitt 4.4.5**) folgen. Abschließend werden die Ergebnisse der Studie erläutert (**Abschnitt 4.4.6**).

4.4.1 Studienziel

Die hypothetisierten Effekte einer Absage auf die Wahrnehmung und das Verhalten abgelehnter Bewerber wurden in Studie 1 erstmalig überprüft. Dabei wurde festgestellt, dass unter gewissen Bedingungen die Kaufabsicht und die Absicht, negatives WOM zu verbreiten, nach einer Absage steigen. Diese Effekte werden mediiert durch die wahrgenommene Skepsis und das Commitment und teilweise moderiert durch den Preis. In Studie 2 sollen diese Ergebnisse mittels eines weiteren Szenarioexperiments repliziert und der Kontextfaktor Anzahl an Absagen zusätzlich untersucht werden. Somit werden die interne Validität der Ergebnisse gesteigert und die Hypothesen H4a, H4b, H4c und H4d erstmalig getestet. Auf diese Weise wird ersichtlich, ob die Anzahl an Absagen einen Einfluss auf die Kaufabsicht und die Absicht, negatives WOM zu verbreiten, hat. Außerdem zeigt sich, ob wiederholte Absagen die wahrgenommene Skepsis und das wahrgenommene Commitment beeinflussen.

4.4.2 Studiendesign

Um den Einfluss der Anzahl vorheriger Absagen auf das Verhalten und die Gefühle abgelehnter Bewerber analysieren zu können, wurde wieder ein Szenarioexperiment gewählt. Bei Studie 2 handelt es sich ebenfalls um einen **Versuchsplan mit Zufallsgruppenbildung**. Somit durchläuft jeder Proband auch hier nur eine experimentelle Bedingung (**Between-Subjects-Design**). Bei der Studie wurde ein **Design ohne Vorher-Messung** ausgewählt, d. h., dass die Treatmentgruppe den Stimulus erhält, in diesem Fall die Bewerber, eine Absage erhalten, und die Kontrollgruppe den Stimulus nicht erhält. In diesem Fall erhält die Kontrollgruppe keine Informationen zu dem Produkttest und der Absage. Bei dem Experiment handelt es sich um ein **unifaktorielles Versuchsdesign**. Die unabhängige Variable Anzahl an Absagen wird auf drei Stufen manipuliert, wie in Abbildung 4.5 zu sehen ist. Somit ergibt sich ein 1-x-3-Design + Kontrollgruppe, mit insgesamt drei Treatmentgruppen und einer Kontrollgruppe (Koschate 2008, S. 113 ff.).

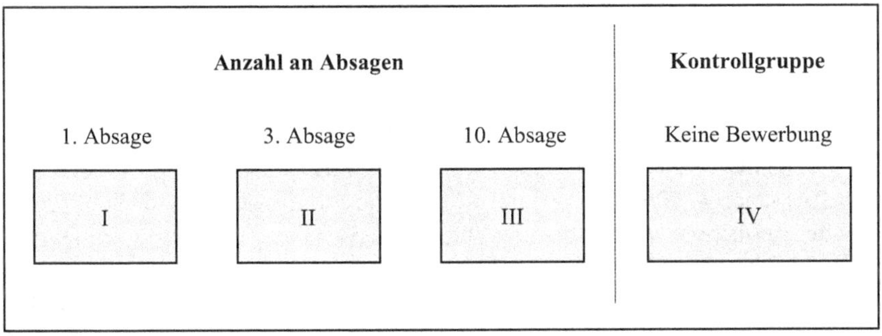

Abbildung 4.5 Studiendesign Szenarioexperiment 2. (Quelle: Eigene Darstellung)

4.4.3 Durchführung

Die Studie wurde an insgesamt drei verschiedenen Universitäten in Deutschland durchgeführt. Studierende der Bergischen Universität Wuppertal, der Universität Rostock und der Universität Paderborn nahmen freiwillig und ohne Incentivierung im Rahmen von Vorlesungen und in Pausen zwischen ihre Vorlesungen an der Befragung teil. Den Studierenden wurde mitgeteilt, dass es sich bei dem Experiment um eine Studie für ein Dissertationsprojekt handelt, das sich thematisch mit Produkttester-Programmen befasst. Die Studierenden erhielten die Befragung in ausgedruckter Form.

Wie bei der ersten Studie erhielten die Studierenden zu Beginn der Befragung einen Hinweis, dass sie das Szenario aufmerksam lesen und sich in die beschriebene Situation hineinversetzen sollten. Anschließend wurde den Probanden eines der insgesamt vier Szenarien präsentiert. Im Anschluss an das Szenario wurden dann die Fragen zu den abhängigen Variablen Kaufabsicht und negatives WOM gestellt und die Mediatorvariablen Skepsis und Commitment abgefragt. Die Realitätsnähe der Situation sollten die Probanden ebenfalls beurteilen und es wurde mittels eines Manipulationschecks sichergestellt, dass die im Szenario durchgeführte Manipulation erfolgreich war. Abschließend wurden die Probanden gebeten, Angaben zu ihrem Alter, Geschlecht und Beruf zu machen.

Die ausgefüllten Fragebögen wurden anschließend gesichtet und in ein digitales Format übertragen.

4.4.4 Rekrutierung und Zusammensetzung der Stichprobe

Die Stichprobe dieser Studie ist ein Studierenden-Sample. Insgesamt besteht die Stichprobe aus 165 Teilnehmern. In den Treatmentgruppen befanden sich dabei 124 Teilnehmer (erste Absage: 37 Teilnehmer; dritte Absage: 40 Teilnehmer; zehnte Absage: 47 Teilnehmer) und in der Kontrollgruppe 41 Teilnehmer. Das Alter der Teilnehmer erstreckte sich von 16 bis 34 Jahren und betrug im Durchschnitt 23 Jahre. 63 % der Teilnehmer waren weiblich, 37 % männlich und 0 % divers. Als Bildungsstand gaben 1 % der Teilnehmer an, dass sie keinen Bildungsabschluss besitzen, 2 % einen Hauptschulabschluss, 0 % einen mittleren Schulabschluss, 35 % (Fach)-Abitur und 62 % einen Hochschulabschluss.

4.4.5 Operationalisierung der Variablen

Die unabhängige Variable Absage und der Kontextfaktor Anzahl an Absagen wurden in diesem Experiment im Szenario operationalisiert. Jeder Teilnehmer sollte sich wie in Studie 1 vorstellen, dass er im Internet nach einer neuen Digitalkamera sucht und eine Anzeige der fiktiven Marke Elektro Star findet. Es wurden die gleiche Beschreibung und Darstellung der Digitalkamera gewählt wie bereits in Studie 1. Unter der Beschreibung der Kamera war es ebenso wie in Studie 1 den Teilnehmern der Produkttester-Gruppe (Treatmentgruppe) möglich, sich für einen Produktes zu dieser Kamera zu bewerben. Die Nicht-Bewerber-Gruppe (Kontrollgruppe) konnte die Kamera lediglich käuflich erwerben und erhielt keine Informationen bezüglich eines möglichen Produkttests. Die Treatmentgruppe erhielt auf der darauffolgenden Seite die Information, dass sie sich das erste, dritte oder bereits das zehnte Mal bei dem Unternehmen für einen Produkttest beworben haben und bisher noch nie als Produkttester ausgewählt wurden. Diese Häufigkeiten wurden in der explorativen Interviewstudie von den Bewerbern genannt und somit übernommen. Auch dieses Mal erhielten die Probanden eine Absage für den Produkttest der Vollformat-Digitalkamera von Elektro Star.

Die abhängige Variable Kaufabsicht wurde in dieser Studie mittels drei Items auf einer siebenstufigen Likert-Skala gemessen, die von 1 = „stimme gar nicht zu" bis 7 = „stimme voll und ganz zu" reichten. Dafür wurden die Variablen von Netemeyer, Maxham III und Pullig (2005, S. 141) adaptiert. Das negative WOM wurde erneut, angelehnt an Kim et al. (2023, S. 444), mittels Abfrage der Wahrscheinlichkeit in % gemessen (0 % = sehr unwahrscheinlich; 100 % = sehr wahrscheinlich).

Die Mediatorvariablen Skepsis und Commitment als psychologische Mechanismen wurden, wie bereits in Studie 1, jeweils auf siebenstufigen Likert-Skalen gemessen, die von 1 = „stimme gar nicht zu" bis 7 = „stimme voll und ganz zu" reichten. Es wurden die gleichen Items für die Variable Skepsis von Eggert, Steinhoff und Garnefeld (2015, S. 217) und für die Variable Commitment von Fullerton (2005, S. 1 381) adaptiert (Tabelle 4.1, Abschnitt 4.3.5).

Eine Übersicht über die Operationalisierung der Skalen ist in Tabelle 4.3 abgebildet.

Tabelle 4.3 Operationalisierung Szenarioexperiment 2

Konstrukt	Items
Kaufabsicht	Ich überlege ernsthaft, die Vollformat-Digitalkamera von Elektro Star zu kaufen.
	Ich ziehe es in Erwägung, Kunde von Elektro Star zu werden.
	Ich kann mir gut vorstellen, die Vollformat-Digitalkamera von Elektro Star zu kaufen.
Negatives WOM	Mit einer Wahrscheinlichkeit von … % werde ich überwiegend Negatives über Elektro Star berichten.
Skepsis	Das Angebot der Vollformat-Digitalkamera von Elektro Star macht mich skeptisch.
	Das Angebot der Vollformat-Digitalkamera von Elektro Star lässt mich stutzig werden.
	Das Angebot der Vollformat-Digitalkamera von Elektro Star löst in mir Misstrauen aus.
Commitment	Ich fühle mich emotional verbunden mit der Marke Elektro Star.
	Die Marke Elektro Star hat eine wichtige Bedeutung für mich.
	Ich kann mich mit der Marke Elektro Star identifizieren.

Quelle: Eigene Darstellung.

4.4.6 Ergebnisse

In den folgenden Abschnitten werden die Ergebnisse der Studie präsentiert. Zuerst werden die Ergebnisse der Manipulations- und Realitätschecks (**Abschnitt 4.4.6.1**). und der Konstruktmessung (**Abschnitt 4.4.6.2**) vorgestellt. Abschließend folgt die Überprüfung der Hypothesen (**Abschnitt 4.4.6.3**).

4.4.6.1 Manipulations- und Realitätscheck

Analog zu Studie 1 wurde zunächst überprüft, ob die Manipulation der Absage erfolgreich war. Da in diesem Szenario ebenfalls die Anzahl an Absagen manipuliert wurde, sollten die Probanden im Fragebogen beantworten, ob sie sich für den Produkttest der Vollformat-Digitalkamera beworben haben. Die Treatmentgruppen, die im Szenario die Informationen bezüglich des Produkttests und die erste, dritte oder zehnte Absage im Anschluss an die Bewerbungsphase erhalten haben, unterschieden sich signifikant von der Kontrollgruppe, die keine Informationen zu einem Produkttest erhalten hat ($t(162) = 17{,}33$; $p < 0{,}001$; $M_{Absagen} = 6{,}35$; $SD_{Absagen} = 1{,}54$; $M_{Keine\ Bewerbung} = 1{,}63$; $SD_{Keine\ Bewerbung} = 1{,}35$); 1 = „stimme gar nicht zu“, 7 = „stimme voll und ganz zu“). Somit war eine erfolgreiche Manipulation der Absage gewährleistet.

Anschließend wurde überprüft, ob die die Angabe der Anzahl an Absagen wahrgenommen wurde. Die Anzahl an erhaltenen Absagen (erste, dritte oder zehnte) bekamen die Probanden der Treatmentgruppen auf der zweiten Seite des Szenarios mitgeteilt. Auch hier unterschieden sich die einzelnen Treatmentgruppen signifikant voneinander. Die Teilnehmer gaben erfolgreich an, ob sie ihre erste Absage ($t(92{,}66) = -20{,}01$; $p < 0{,}01$; $M_{erste\ Absage} = 6{,}65$; $SD_{erste\ Absage} = 1{,}13$; $M_{dritte\ \&\ zehnte\ Absage} = 1{,}59$; $SD_{dritte\ \&\ zehnte\ Absage} = 1{,}54$), ihre dritte Absage ($t(52{,}90) = -12{,}87$; $p < 0{,}001$; $M_{dritte\ Absage} = 6{,}05$; $SD_{dritte\ Absage} = 1{,}41$; $M_{ferste\ \&\ zehnte\ Absage} = 1{,}41$; $SD_{erste\ \&\ zehnte\ Absage} = 1{,}27$) oder zehnte Absage erhielten ($t(68{,}55) = -15{,}13$; $p < 0{,}001$; $M_{zehnte\ Absage} = 6{,}22$; $SD_{zehnte\ Absage} = 1{,}39$; $M_{erste\ \&\ dritte\ Absage} = 1{,}39$; $SD_{erste\ \&\ dritte\ Absage} = 1{,}24$; 1 = „stimme gar nicht zu“, 7 = „stimme voll und ganz zu“).

Zusätzlich wurde mit einem Realitätscheck sichergestellt, dass die Probanden das Szenario als realistisch empfunden haben. Dafür wurden sie gefragt, ob sie sich gut in die beschriebene Situation hineinversetzen konnten. Laut dem Realitätscheck wurde das Szenario als realistisch empfunden und die Probanden konnten sich die Situation leicht vorstellen ($M = 4{,}59$, $SD = 1{,}83$; 1 = „stimme gar nicht zu“, 7 = „stimme voll und ganz zu“).

4.4.6.2 Konstruktmessung

Die Konstrukte Kaufabsicht, Skepsis und Commitment wurden mittels der konfirmatorischen Faktorenanalyse überprüft. Wie in Tabelle 4.4 dargestellt, liegt die Konstruktreliabilität der Skalen mit Cronbachs Alpha-Werten von 0,95 (Kaufabsicht), 0,92 (Skepsis) und 0,92 (Commitment) über dem geforderten Wert von 0,7. Auch die durchschnittlich erfasste Varianz liegt mit Werten von 0,90 (Kaufabsicht), 0,88 (Skepsis) und 0,86 (Commitment) über dem Schwellenwert von 0,5. Somit können die Variablen Kaufabsicht, Skepsis und Commitment als reliabel betrachtet werden. Die Konvergenz- und Diskriminanzvariabilität für die Variablen Kaufabsicht, Skepsis und Commitment wurden ebenfalls überprüft. Die Faktorladungen übertreffen mit mind. 0,94 (Kaufabsicht), 0,92 (Skepsis) und 0,92 (Commitment) den Schwellenwert von 0,7 und auch das Fornell-Larcker-Kriterium bestätigt die Diskriminanzvalidität.

4.4.6.3 Hypothesenüberprüfung

Um die Auswirkungen der Anzahl an Absagen auf die wahrgenommene Skepsis und das Commitment und den daraus resultierenden Einfluss auf die Kaufabsicht und die negative WOM-Absicht der abgelehnten Bewerber zu analysieren, wurde erneut das PROCESS-Verfahren (Hayes 2008) verwendet. Zunächst wurden die Ergebnisse von Studie 1 repliziert, indem die Auswirkungen einer Absage auf die Kaufabsicht des abgelehnten Bewerbers und die negative WOM-Absicht unter dem Einfluss von wahrgenommener Skepsis und Commitment analysiert wurden (H1 und H2). Eine Übersicht der Analyse mittels PROCESS-Modell 4 (5 000 Stichproben) ist in Abbildung 4.6 ersichtlich.

Tabelle 4.4 Überprüfung der Konstruktmessung Szenarioexperiment 2

						Konstruktkorrelationen		
Konstrukt	MW	SE	Faktorladung (> 0,7)[1]	Cronbachs α (> 0,7)[1]	DEV (> 0,5)[1]	Kaufabsicht	Skepsis	Commitment
Kaufabsicht	2,96	1,67	0,96	0,95	0,90 (0,95)[2]		−0,20	0,53
	2,97	1,62	0,94					
	2,88	1,63	0,95					
Negatives WOM	30,27	26,95						
Skepsis	3,97	1,69	0,92	0,92	0,88 (0,94)[2]			0,11
	3,82	1,74	0,95			−0,20		
	3,82	1,86	0,94					
Commitment	1,99	1,35	0,94	0,92	0,86 (0,93)[2]		0,11	
	1,95	1,38	0,92			0,531		
	1,96	1,31	0,92					

MW = Mittelwert; SE = Standardabweichung; DEV = durchschnittlich erfasste Varianz

[1] Die Zahlen in Klammern sind die Schwellenwerte.

[2] Die Zahlen in Klammern sind die Quadratwurzeln der DEV.

Quelle: Eigene Darstellung.

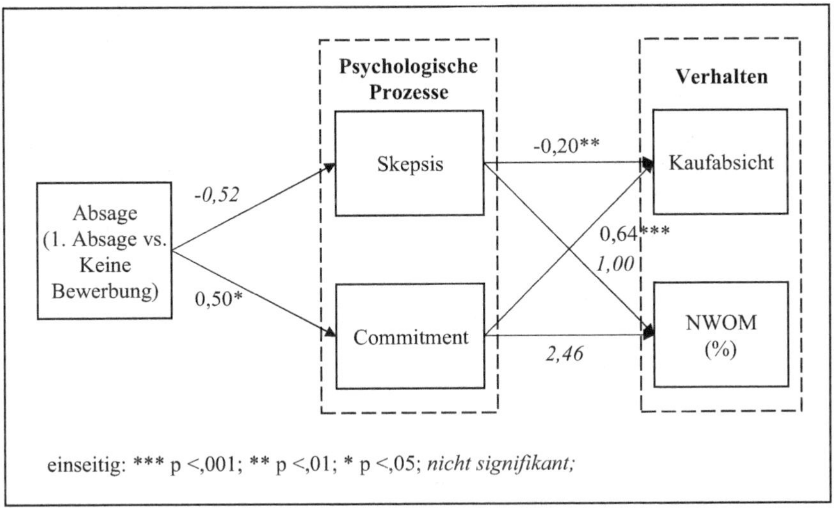

Abbildung 4.6 Ergebnisse PROCESS-Model 4 Szenarioexperiment 2. (Quelle: Eigene Darstellung)

Mit Modell 4 wurde der mediierte Effekt einer Absage auf die Kaufabsicht der abgelehnten Bewerber über Skepsis (H1a) und Commitment (H2a) analysiert. Das Bootstrap-Verfahren ergab Konfidenzintervalle (CI), die 0 für den indirekten Effekt über das Commitment ausschlossen (b = 0,32, SE = 0,17, 90 % CI = [0,03, 0,60]), aber nicht für den indirekten Effekt über die Skepsis (b = 0,10, SE = 0,10, 90 % CI = [−0,03, 0,27]). Somit kann erneut, wie bereits in Studie 1, die Hypothese H2a bestätigt werden, wohingegen Hypothese H1a nicht bestätigt werden kann. Der direkte Effekt einer Absage auf die Kaufabsicht der Bewerber war nicht signifikant (t = 0,47, p = 0,13, 90 % CI = [−0,04, 0,98]), jedoch war der Gesamteffekt signifikant positiv (b = 0,89, p = 0,09, 90 % CI = [0,34, 1,45]).

In einem zweiten Schritt wurde analysiert, ob die Skepsis (H1b) der Bewerber nach einer Absage in einem Online-Produkttest und das Commitment (H2b) den Effekt einer Absage auf die Absicht, negatives WOM zu verbreiten, mediieren. Das generierte CI schloss 0 für beide indirekten Effekte ein (Skepsis b = −0,46, SE = 0,94, 90 % CI = [−2,30, 0,07]; Commitment b = 1,19, SE = 1,193, 90 % CI = [−0,0,38, 5,54]). Wie bereits in Studie 1 können die Hypothesen H1b und H2b erneut nicht bestätigt werden. Der direkte Effekt einer Absage auf die

Absicht der Bewerber, negatives WOM zu verbreiten, war nicht signifikant (t = 1,28, p = 0,21, 90 % CI = [−1,93, 14,65]), ebenso wenig wie der Gesamteffekt (b = 7,10, p = 0,14, 90 % CI = [−0,87, 15,06]).

Um H4a, H4b, H4c und H4d zu testen, wurde eine Dummifizierung genutzt (Henseler/Fassott 2010, S. 726), bei der die kategoriale unabhängige Variable in verschiedene binäre Variablen umgewandelt wurde. Die Gruppe der ersten Absage wurde als Referenzkategorie gewählt, um die Unterschiede zwischen den verschiedenen Absagehäufigkeiten (erste, dritte und zehnte Absage) zu untersuchen. Eine Übersicht der Analyse mittels PROCESS-Modell 4 (5 000 Stichproben) zeigt Abbildung 4.7.

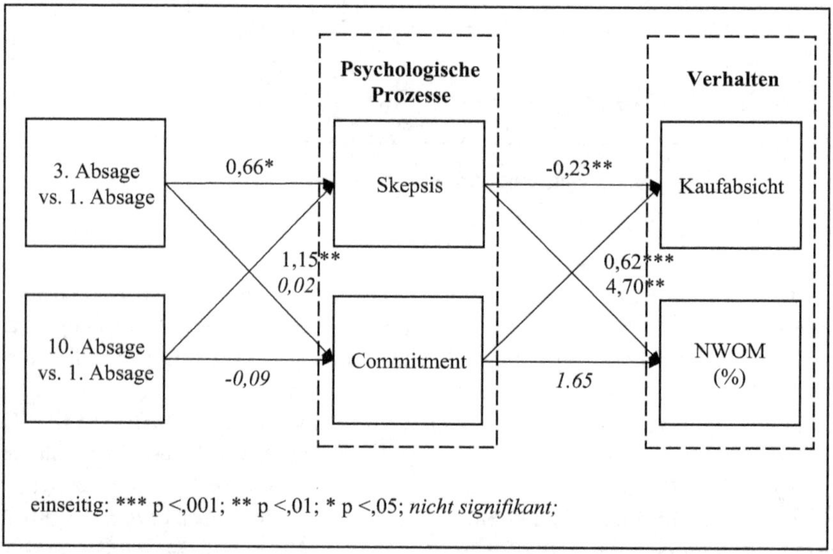

Abbildung 4.7 Ergebnisse PROCESS-Model 4 Szenarioexperiment 2 mit Dummifizierung. (Quelle: Eigene Darstellung)

Der Effekt der dritten Absage (im Vergleich zur ersten Absage) und der wahrgenommenen Skepsis ist signifikant positiv (b = 0,66, p = 0,07), ebenso wie der Effekt der zehnten Absage (im Vergleich zur ersten Absage) und der wahrgenommenen Skepsis (b = 1,15, p < 0,05). Bei der Analyse der Kaufabsichten ist ein signifikant negativer indirekter Effekt der dritten Absage (im Vergleich zur ersten Absage) auf die Kaufabsicht zu sehen. Dieser Effekt wird mediiert über die wahrgenommene Skepsis (b = −0,15, SE = 0,11, 90 % CI = [−0,35, −0,01]). Ebenso ist der indirekte Effekt der zehnten Absage (im Vergleich zur ersten Absage) auf die Kaufabsicht, mediiert über die wahrgenommene Skepsis, signifikant negativ (b = −0,27, SE = 0,13, 90 % CI = [−0,51, −0,08]). Dies bestätigt Hypothese H4a.

Der Effekt der dritten Absage (im Vergleich zur ersten Absage) und des wahrgenommenen Commitments ist nicht signifikant (b = 0,02, p = 0,94), ebenso wenig wie der Effekt der zehnten Absage (im Vergleich zur ersten Absage) und des wahrgenommenen Commitments (b = −0,09, p = 0,75). Es existiert kein signifikanter indirekter Effekt der dritten Absage (im Vergleich zur ersten Absage) auf die Kaufabsicht, mediiert über das wahrgenommene Commitment (b = 0,01, SE = 0,18, 90 % CI = [−0,03, 0,30]). Ebenso wenig gibt es einen signifikanten indirekten Effekt der zehnten Absage (im Vergleich zur ersten Absage) auf die Kaufabsicht, mediiert über das wahrgenommene Commitment (b = −0,06, SE = 0,18, 90 % CI = [−0,35, 0,23]). Somit kann Hypothese H4b nicht bestätigt werden.

Die direkten Effekte der dritten und zehnten Absage (im Vergleich zur ersten Absage) auf die Kaufabsicht sind nicht signifikant (dritte Absage: t = −0,54, p = 0,59, 90 % CI = [−0,67, 0,34]; zehnte Absage: t = −0,74, p = 0,46, 90 % CI = [−0,72, 0,28]). Der Gesamteffekt der dritten Absage (im Vergleich zur ersten Absage) auf die Kaufabsicht ist nicht signifikant (b = −0,31, SE = 0,36, 90 % CI = [−0,90, 0,28]), ebenso wenig wie der Gesamteffekt der zehnten Absage (im Vergleich zur ersten Absage) (b = −0,55, SE = 0,34, 90 % CI = [−1,12, 0,02]).

Hinsichtlich der Effekte auf die Absicht, negatives WOM zu verbreiten, wurde ein signifikanter indirekter positiver Effekt der dritten Absage (im Vergleich zur ersten Absage) auf die Absicht, negatives WOM zu verbreiten, mediiert über die wahrgenommene Skepsis (b = 3,23, SE = 2,08, 90 % CI = [0,41, 7,05]) festgestellt. Der indirekte Effekt der zehnten Absage (im Vergleich zur ersten Absage) auf die Absicht, negatives WOM zu verbreiten, mediiert über wahrgenommene Skepsis, ist ebenfalls signifikant positiv (b = 5,52, SE = 2,46, 90 % CI = [1,89, 10,02]). Dies bestätigt Hypothese H4c. Es gibt keinen signifikanten indirekten Effekt einer dritten oder zehnten Absage (im Vergleich zur ersten Absage) auf die Absicht, negatives WOM zu verbreiten, mediiert über das wahrgenommene Commitment (dritte Absage: b = 0,03, SE = 0,64, 90 % CI = [−1,04, 1,03]; zehnte Absage: b = −0,16, SE = 0,68, 90 % CI = [−1,45, 0,69]). Somit kann Hypothese H4d nicht bestätigt werden.

Der direkte Effekt der dritten Absage (im Vergleich zur ersten Absage) auf die Absicht, negatives WOM zu verbreiten, ist signifikant positiv (t = 1,72, p

= 0,08, 90 % CI = [0,35, 19,78]), ebenso wie der direkte Effekte der zehnten Absage (im Vergleich zur ersten Absage) auf die Absicht, negatives WOM zu verbreiten, signifikant positiv ist (t = 2,36, p < 0,05, 90 % CI = [4,11, 23,45]). Der Gesamteffekt der dritten Absage (im Vergleich zur ersten Absage) auf die Absicht, negatives WOM zu verbreiten, ist signifikant positiv (b = 13,32, SE = 5,99, 90 % CI = [3,38, 23,25]. Der Gesamteffekt der zehnten Absage (im Vergleich zur ersten Absage) auf die Absicht, negatives WOM zu verbreiten, ist ebenfalls signifikant positiv (b = 19,14, SE = 5,77, 90 % CI = [9,57, 28,71]).

4.5 Studie 3 – Analyse der Konsequenzen von Absagen mittels Feldstudie

In den folgenden Abschnitten wird zuerst das Studienziel beschrieben (**Abschnitt 4.5.1**), bevor dann das Studiendesign (**Abschnitt 4.5.2**), die Durchführung (**Abschnitt 4.5.3**), die Rekrutierung und Zusammensetzung der Stichprobe (**Abschnitt 4.5.4**) und die Operationalisierung der Variablen (**Abschnitt 4.5.5**) folgen. Abschließend werden die Ergebnisse der Studie erläutert (**Abschnitt 4.5.6**).

4.5.1 Studienziel

In Studie 3 werden reale Daten verwendet, die in Zusammenarbeit mit dem Uni-Shop der Bergischen Universität Wuppertal erhoben wurden, um die Ergebnisse aus den vorherigen Studien zu replizieren und die externe Validität zu erhöhen. Die Szenarioexperimente werden von der Feldstudie sinnvoll ergänzt, da reales und beobachtbares Verhalten analysiert werden. Somit wird das konzeptionelle Modell anhand realer Felddaten überprüft. Es wird im Feld untersucht, wie eine Absage in einem Produkttester-Programm die Kaufabsicht und die Absicht, negatives WOM zu verbreiten, nach einer Absage in einem Produkttest beeinflusst (H1 und H2). Über das ursprüngliche konzeptionelle Modell hinaus werden im Rahmen einer Post-hoc-Analyse die Auswirkungen einer Absage in einem Produkttester-Programm auf das Engagement der abgelehnten Bewerber untersucht.

4.5.2 Studiendesign

Um den Einfluss der Anzahl vorheriger Absagen auf das Verhalten und die Gefühle abgelehnter Bewerber in einer realen Situation analysieren zu können, wurde für die dritte Studie eine Feldstudie als Studiendesign gewählt. Da in der Studie die Zuteilung der Probanden per Randomisierung nicht möglich war, bestand die Gefahr, dass die interne Validität der Studie von Störvariablen beeinflusst wird. Diese Form der Untersuchung wird **Quasi-Experiment** genannt (Campbell/Stanley 1963, S. 34; Eid/Gollwitzer/Schmitt 2017, S. 92 f.; Schnell/Hill/Esser 2011, S. 222). Die Studierenden entschieden sich mit ihrer freiwilligen Bewerbung eigenständig, ob sie für die Experimentalgruppe infrage kamen oder zur Kontrollgruppe gehörten. Die interne Validität wurde in diesem Fall gewährleistet, indem die Probanden bereits vor dem experimentellen Reiz untersucht und mögliche Störvariablen identifiziert und kontrolliert werden konnten. So wird die Kontrolle über die Messungen sichergestellt (Eid/Gollwitzer/Schmitt 2017, S. 92 f.). Der Klassifizierung von Döring (2023, S. 185) nach handelt es sich aufgrund der wiederholten Messungen um ein **Within-Subjects-Design**. Ein und dieselbe Gruppe an Studierenden wurde zunächst zu Beginn des Semesters, vor dem Produkttest, und dann am Ende des Semesters, nach dem Produkttest, erneut befragt. Ein Vorteil eines Within-Subjects-Designs ist die getrennte Schätzbarkeit der Unterschiede zwischen den einzelnen Probanden und den experimentellen Bedingungen (Koschate 2008 S. 113 ff.).

Eine Übersicht über das Design ist in Abbildung 4.8 dargestellt.

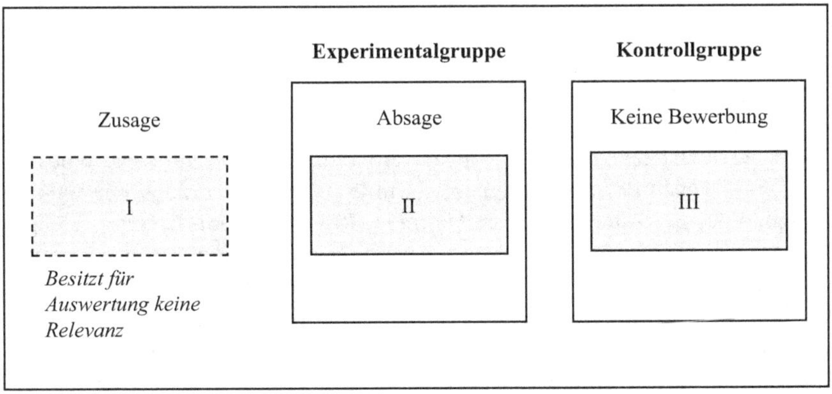

Abbildung 4.8 Studiendesign der Feldstudie. (Quelle: Eigene Darstellung)

Bei dieser Studie wird erstmals die Zusagen-Gruppe mit aufgenommen, da sie sich bei der Durchführung des Produkttests automatisch bildet. Auch wenn diese Gruppe bei der späteren Auswertung keine Relevanz besitzt, so ist es möglich, dass die Probanden nach der aktiven Bewerbung der Zusagen-Gruppe zugelost werden. Daher entscheiden die Probanden zunächst mit ihrer Bewerbung, ob sie für die Experimentalgruppe ausgewählt werden können, bevor sie im Laufe der Studie per Randomisierung in die Experimentalgruppe (Absage) oder die Zusagen-Gruppe gelost werden. Bewerben sich die Studierenden nicht, so werden sie automatisch der Kontrollgruppe zugeordnet. Somit besteht das Studiendesign aus insgesamt drei Gruppen (Zusagen, Absagen und keine Bewerbung).

4.5.3 Durchführung

Um die bisherigen Ergebnisse in der Praxis zu bestätigen, wurden ein Online-Produkttest sowie Befragungen vor und nach dem Produkttest konzipiert und durchgeführt. Die gesamte Feldstudie kann in insgesamt drei Perioden unterteilt werden, wie Abbildung 4.9 zeigt.

In der **Baseline-Periode** wurde ein eigener Produkttest in Zusammenarbeit mit dem Universitätsshop der Universität Wuppertal konzipiert. Der Uni-Shop verkauft Produkte mit Universitätsprint, wie Kleidung, Büroartikel und Accessoires. Zum Zeitpunkt der Planung hat das Geschäft eine neue Modekollektion herausgebracht, aus der ein Unisex-T-Shirt als Testprodukt ausgewählt wurde. Das T-Shirt war mintgrün und hatte das Logo der Universität aufgedruckt. Es war in den Größen XS-XXL erhältlich, sodass fast alle Studierenden ihre Größe finden konnten. Der reguläre Preis des T-Shirts betrug 17,90 €. Zur Durchführung der Studie stellte der Uni-Shop insgesamt 30 T-Shirts kostenfrei als Testprodukte zur Verfügung. Bevor der Produkttest angekündigt und durchgeführt wurde, wurde ein Marketing-Bachelorkurs der Universität Wuppertal mit Studierenden, die am Anfang ihres Bachelorstudiums standen, als Teilnehmer für die Studie ausgewählt. Im Rahmen des Marketingkurses wurde in der Einführungsveranstaltung zu Beginn des Semesters eine erste Umfrage (**Pre-Treatment-Survey**) durchgeführt. Da das gesamte Modul aufgrund der Coronapandemie digital durchgeführt wurde, wurde auch die Einführungsveranstaltung virtuell via Zoom abgehalten. Die Studierenden erhielten über Zoom den Link zur Umfrage, die vorab über SoSci programmiert worden war. Den Studierenden wurde somit während der Vorlesung die Zeit eingeräumt, die Befragung in Ruhe auszufüllen. Nach der Veranstaltung wurde zusätzlich der Link zur Befragung auf der Kursseite in Moodle veröffentlicht und per E-Mail an alle eingeschriebenen Studierenden des Kurses

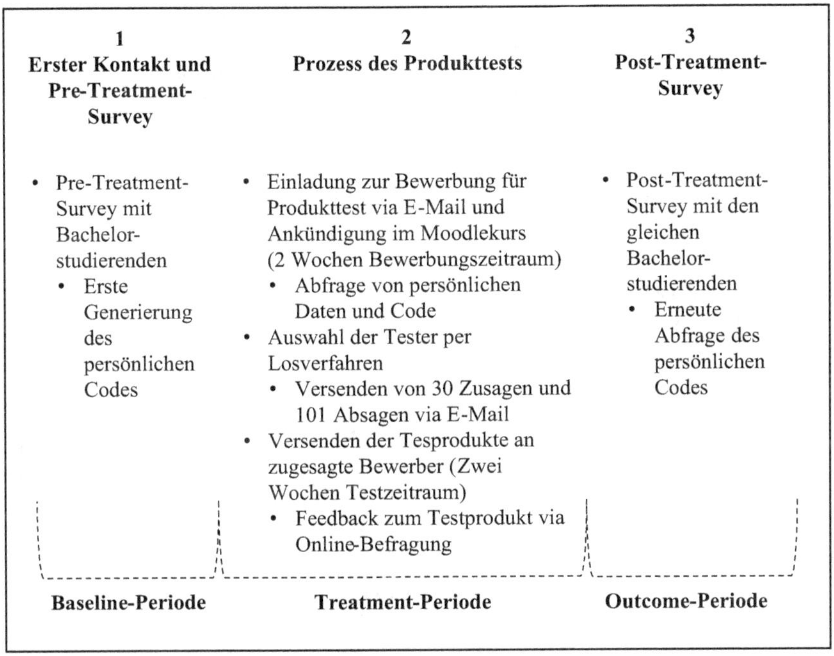

Abbildung 4.9 Ablauf der Feldstudie. (Quelle: Eigene Darstellung)

verschickt, um auch jene Studierenden zu erreichen, die die Einführungsveranstaltung verpasst hatten. In der ersten Befragung wurden die Studierenden u. a. zu ihrer Einstellung gegenüber Produkttests sowie dem Universitätsshop und seinen Produkten befragt. In dem Online-Fragebogen machten die Studierenden u. a. Angaben zu ihrem Wissen über den Uni-Shop und seinen Produkten sowie zu ihren Kaufabsichten von Produkten des Uni-Shops und Berührungspunkten mit Produkttests.

Um das Verhalten und die Einstellungsänderungen der Studierenden zu erfassen, wurde ein Schema für einen individuellen Code entwickelt, der erstmalig zu Beginn der Befragung von jedem Studierenden erstellt und abgefragt wurde. Die Erstellung und Abfrage des Codes ist in Abbildung 4.10 dargestellt.

Erstellung des persönlichen Codes:
Im Folgenden bitten wir dich dir einen persönlichen Code zu erstellen und in die Eingabefelder einzutragen. Die Fragen sollen dir helfen, dich auch später an deine persönliche Kombination zu erinnern.

Wie lautet der erste Buchstabe deines Vornamens?	Bitte verwende deinen ersten Vornamen, wie in deinem Ausweis. Beispiel: Max = M
Welche sind die letzten beiden Ziffern deines Geburtsjahres?	Bei einstelliger Zahl, verwende bitte eine führende 0. Beispiel: 1999 = 99
Wie lautet der erste Buchstabe deines Nachnamens?	Solltest du deinen Nachnamen gewechselt haben, verwende bitte deinen Geburtsnamen. Beispiel: Mustermann = M
An welchem Tag bist du geboren?	Bei einstelliger Zahl, verwende bitte eine führende 0. Beispiel: 01. Januar = 01
Wie lautet der erste Buchstabe deines Geschlechts?	Bitte wähle W für weiblich, M für männlich oder D für divers. Beispiel: männlich = M
Ihr persönlicher Code:	

Abbildung 4.10 Erstellung des persönlichen Codes. (Quelle: Eigene Darstellung)

Die erste Stelle des Codes war der erste Buchstabe des Vornamens, die zweite und dritte Stelle waren die letzten beiden Ziffern des Geburtsjahres, die vierte Stelle war der erste Buchstabe des Nachnamens, die fünfte und sechste Stelle der Tag des Geburtsdatums und die siebte Stelle das Geschlecht, abgekürzt mit M, W oder D. Somit generierte sich jeder Studierende einen individuellen Code und jeder ausgefüllte Fragebogen wurde mit diesem individuellen Code begonnen. Der Code basierte auf zeitlich stabilen Merkmalen, um sicherzustellen, dass auch nach ein paar Wochen noch jeder Studierende denselben Code wie zu Beginn der Studie besitzt.

Zu Beginn der **Treatment-Periode** wurden die Studierenden des Bachelormoduls **eingeladen**, sich für den Produkttest des Uni-Shops zu bewerben. Dafür wurde eine Anzeige gestaltet, die sowohl das Testprodukt abgebildet als auch den gesamten Ablauf des Produkttests erklärt hat. Die Ankündigung für den Bewerbungszeitraum inklusive der Anzeige wurde sowohl per E-Mail an die Studierenden versandt als auch im digitalen Kurs in Moodle veröffentlicht. Die Studierenden konnten sich über einen Befragungslink, der vorab wieder über SoSci programmiert wurde, online bewerben und mussten im Rahmen der Bewerbung erneut ihren individuellen Code eingeben. Außerdem wurden sie gebeten, einige demografische Angaben zu machen, wie z. B. ihr Alter, Geschlecht und die Nationalität. Zusätzlich sollten die Bewerber direkt die gewünschte T-Shirt-Größe angeben und beantworten, ob sie bereits Produkte im Uni-Shop gekauft haben und wenn ja, welche. Insgesamt konnten sich die Studierenden über zwei Wochen lang für den Produkttest bewerben. Es bewarben sich 131 Studierende für den Produkttest. Aus allen Bewerbern wurden nach dem Ende des Bewerbungszeitraums per **Losverfahren** 30 Produkttester ausgelost. Die **Zu- bzw. Absagen** wurden den Bewerbern per E-Mail zugesandt. Alle gestalteten Grafiken und Korrespondenzen befinden sich in Anhang 2 im elektronischen Zusatzmaterial.

Den 30 zugesagten Produkttestern wurde gratuliert und das weitere Vorgehen erläutert. Die übrigen 101 Bewerber erhielten zeitgleich die Absage per E-Mail. Die Produkttester hatten ab Bekanntgabe der Zusage eine Woche Zeit, einen weiteren kurzen Fragebogen auszufüllen. Über einen Online-Link, der zu einer kurzen, über SoSci programmierten Befragung führte, konnten die Produkttester die gewünschte T-Shirt-Größe erneut bestätigen und ihre Adresse angeben, an die das T-Shirt versandt werden sollte. Die Produkttester wurden innerhalb dieser Woche zwei Mal per E-Mail an das Ausfüllen der Umfrage erinnert. Anschließend wurden die **Testprodukte** verpackt und den ausgewählten Produkttestern **zugeschickt**.

Der Testzeitraum betrug zwei Wochen, in denen die Produkttester das T-Shirt testeten. Daraufhin wurden sie gebeten, das Produkt in einem Online-Fragebogen, programmiert über SoSci, zu bewerten. Den Link zum Fragebogen erhielten die Produkttester per E-Mail und als Beilage in ihrem Produkttester-Paket. Zu Beginn des Fragebogens wurden die Produkttester gebeten, in 2–3 Sätzen den Gesamteindruck des T-Shirts zu bewerten. Anschließend wurde das Testprodukt nach Merkmalen, wie Tragekomfort, Aussehen, Haptik, Qualität und Passform, bewertet. Zusätzlich sollten die Tester das T-Shirt mit anderen gekauften T-Shirts vergleichen und die gesamte Tragezeit angeben. Abschließend sollten die Tester ihre demographischen Angaben zu Alter, Geschlecht und Nationalität machen. Auch diesmal wurden die ausgewählten Produkttester mehrfach an das

Ausfüllen des Bewertungsbogens per E-Mail erinnert. Im Rahmen des Bewertungsbogens wurden die Tester diesmal erneut aufgefordert, ihren persönlichen Code anzugeben. Nach der Testphase war der Produkttest und damit auch die Treatment-Periode abgeschlossen.

In der letzten Phase der Studie, der **Outcome-Periode**, wurden die Studierenden des Bachelorkurses erneut im Rahmen einer **Post-Treatment-Survey** befragt. Dafür wurde den Studierenden in der letzten Vorlesung des Semesters der Link zur Umfrage, programmiert über SoSci, zur Verfügung gestellt und ihnen Zeit zur Beantwortung eingeräumt. Nach der Veranstaltung wurde der Link erneut in dem Moodle-Kurs veröffentlicht und allen Studierenden per E-Mail zugesandt, um alle zu erreichen, die an der Veranstaltung nicht teilnehmen konnten. Um die Einstellungen und die Veränderungen der Wahrnehmung und des Verhaltens der Studierenden zu erfassen, wurde in der Post-Treatment-Survey derselbe Fragebogen verwendet wie in der Pre-Treatment-Survey. Auch hier wurde der individuelle Code abgefragt, um die Daten der Post-Treatment-Survey mit denen der Pre-Treatment-Survey kombinieren zu können und um zu erfahren, ob sich der jeweilige Studierende in der Treatment-Periode auf den Produkttest beworben hat und ob er abgelehnt wurde oder nicht. Mithilfe dieser individuellen Codes war es möglich, die Veränderungen im Verhalten und in der Einstellung der Bewerber infolge der Absage im Produkttest genau zu analysieren.

4.5.4 Rekrutierung und Zusammensetzung der Stichprobe

Bei den Teilnehmern handelte es sich um Studierende eines Marketingbachelormoduls der Universität Wuppertal, das aufgrund der Coronapandemie vollständig online abgehalten wurde. Die Studierenden befanden sich am Beginn ihres Studiums und waren alle in einem Moodlekurs eingeschrieben, in dem alle Vorlesungsunterlagen hochgeladen und Informationen zum Modul bereitgestellt wurden. Jeder Studierende, der in den Kurs eingeschrieben war, hatte somit die Möglichkeit, entweder live im Rahmen der Vorlesung über Zoom oder im Anschluss über den bereitgestellten Link in Moodle freiwillig und ohne Incentivierung an der Pre- und Post-Treatment-Survey teilzunehmen. Die Ankündigung und der Link zur Bewerbung für den Produkttest wurde ebenfalls über Moodle und per E-Mail an alle eingeschriebenen Studierenden verteilt.

Abbildung 4.11 zeigt die Verteilung der Studierenden auf die verschiedenen Gruppen. Darüber hinaus zeigt die Abbildung, welche Gruppen bei der anschließenden Analyse verglichen wurden.

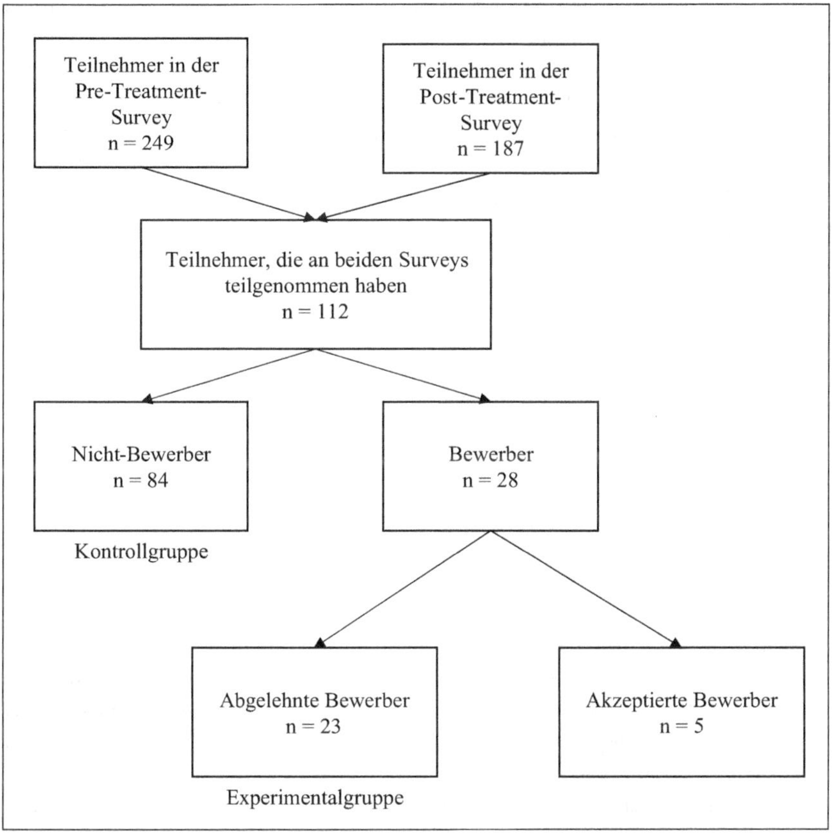

Abbildung 4.11 Verteilung der Teilnehmer. (Quelle: Eigene Darstellung)

Insgesamt nahmen 249 Studierende an der Pre-Treatment-Survey teil. Die Stichprobe hatte ein Durchschnittsalter von 21 Jahren und 51 % der Teilnehmer waren weiblich (49 % männlich). Nach der Pre-Treatment-Survey wurde der Produkttest angekündigt. Allen Studierenden des Moduls war es möglich, sich freiwillig für den Produkttest zu bewerben. Nach Abschluss des Produkttests wurden die Studierenden erneut mit demselben Fragebogen wie zu Beginn des Semesters befragt. 187 Studierende haben an der Post-Treatment-Survey teilgenommen. Die Stichprobe hatte ein Durchschnittsalter von 21 Jahren und 52 % der Teilnehmer waren weiblich (47 % männlich und 1 % nicht-binär). Bei der

Analyse der Auswirkungen der Absagen für den Produkttest wurde der Fokus zunächst auf jene Teilnehmer gelegt, die an beiden Umfragen teilgenommen haben, um die Veränderungen in der Wahrnehmung und des Verhaltens analysieren zu können. Innerhalb dieser Stichprobe von 112 Studierenden, die an beiden Befragungen teilgenommen haben, hatten sich 84 Studierende nicht auf den Produkttest beworben und 28 Studierende hatten sich auf den Produkttest beworben. Von diesen 28 Bewerbern sind 23 Bewerber abgelehnt und 5 Bewerber als Produkttester ausgewählt worden. In der Analyse werden die abgelehnten Bewerber (Experimentalgruppe) mit denen verglichen, die sich nicht beworben haben (Kontrollgruppe).

4.5.5 Operationalisierung der Variablen

Die Operationalisierung der unabhängigen Variablen Absage wurde in diesem Fall über die freiwillige Bewerbung der Studierenden für den Produkttest vorgenommen. Dafür wurde eine Grafik gestaltet, die die Studierenden über den Produkttest informierte und den Ablauf des Produkttests erläuterte (siehe Anhang 2 im elektronischen Zusatzmaterial). Auf der Grafik war ebenfalls das T-Shirt als Testprodukt abgebildet und der Link zur Bewerbung angegeben. Die Studierenden hatten dann die Möglichkeit, sich für den Produkttest zu bewerben, und es wurden per Losverfahren 30 Produkttester ausgewählt. Die Zuweisung zur Zusagen-Gruppe oder Absagen-Gruppe (Experimentalgruppe) war somit zufällig. Die übrigen Studierenden, die sich nicht für den Produkttest bewerben wollten, wurden automatisch als Kontrollgruppe herangezogen (Abb. 4.11).

Die abhängige Variable Kaufabsicht wurde in dieser Studie erneut mittels drei Items auf einer siebenstufigen Likert-Skala gemessen, die von 1 = „stimme gar nicht zu“ bis 7 = „stimme voll und ganz zu“ reichte. Dafür wurden die Variablen von Netemeyer, Maxham III und Pullig (2005, S. 141) adaptiert. Das negatives WOM wurden erneut mittels Abfrage der Wahrscheinlichkeit in %, in Anlehnung an Kim et al. (2023, S. 444) gemessen (0 % = sehr unwahrscheinlich; 100 % = sehr wahrscheinlich).

Die Mediatorvariablen Skepsis und Commitment als psychologische Mechanismen wurden, wie bereits in Studie 1 und 2, jeweils auf siebenstufigen Likert-Skalen gemessen, die von 1 = „stimme gar nicht zu“ bis 7 = „stimme voll und ganz zu“ reichten. Es wurden die gleichen Items für die Variable Skepsis von Eggert, Steinhoff und Garnefeld (2015, S. 217) adaptiert und die gleichen Items für die Variable Commitment von Fullerton (2005) adaptiert. Tabelle 4.5 gibt eine Übersicht über die verwendeten Konstrukte und deren Items.

Tabelle 4.5 Operationalisierung Feldstudie

Konstrukt	Items
Kaufabsicht	Ich überlege ernsthaft, ein Produkt im Uni-Shop zu kaufen.
	Ich ziehe es in Erwägung, ein Produkt im Uni-Shop zu kaufen.
	Ich kann mir gut vorstellen, ein Produkt im Uni-Shop zu kaufen.
Negatives WOM	Mit einer Wahrscheinlichkeit von … % werde ich negativ über den Uni-Shop der Bergischen Universität Wuppertal mit Anderen reden.
Skepsis	Produkttester-Programme machen mich skeptisch.
	Produkttester-Programme lassen mich stutzig werden.
	Produkttester-Programme lösen in mir Misstrauen aus.
Commitment	Ich fühle mich mit dem Uni-Shop verbunden.
	Der Uni-Shop hat eine wichtige Bedeutung für mich.
	Ich kann mich mit dem Uni-Shop identifizieren.

Quelle: Eigene Darstellung.

4.5.6 Ergebnisse

In den folgenden Abschnitten wird zunächst die Konstruktmessung erläutert (**Abschnitt 4.5.6.1**), bevor dann das Propensity Score Matching (**Abschnitt 4.5.6.2**) und die Difference-in-Differnces-Schätzung (**Abschnitt 4.5.6.3**) vorgestellt werden. Die Hypothesen werden anschließend geprüft (**Abschnitt 4.5.6.4**) und es wird abschließend eine Post-hoc-Analyse (**Abschnitt 4.5.6.5**) durchgeführt.

4.5.6.1 Konstruktmessung

Die Konstrukte Kaufabsicht, Skepsis und Commitment wurden mittels der konfirmatorischen Faktorenanalyse überprüft. Zunächst wurden die Konstrukte der Pre-Treatment-Survey analysiert. Wie in Tabelle 4.6 aufgezeigt, liegt die Konstruktreliabilität der Skalen mit Cronbachs-Alpha-Werten von 0,92 (Kaufabsicht), 0,94 (Skepsis) und 0,92 (Commitment) über dem geforderten Wert von 0,7. Auch die durchschnittlich erfasste Varianz liegt mit Werten von 0,87 (Kaufabsicht), 0,86 (Skepsis) und 0,90 (Commitment) über dem Schwellenwert von 0,5. Somit können die Variablen Kaufabsicht, Skepsis und Commitment als reliabel betrachtet werden. Die Konvergenz- und Diskriminanzvariabilität für die Variablen Kaufabsicht, Skepsis und Commitment wurde ebenfalls überprüft. Die Faktorladungen übertreffen mit mind. 0,91 (Kaufabsicht), 0,94 (Skepsis) und 0,91 (Commitment) den Schwellenwert von 0,7 und auch das Fornell-Larcker-Kriterium bestätigt die Diskriminanzvalidität.

Anschließend wird die gleiche Analyse noch einmal für die Konstrukte der Post-Treatment-Survey durchgeführt. Die Konstruktreliabilität liegt mit Cronbachs-Alpha-Werten von 0,94 (Kaufabsicht), 0,95 (Skepsis) und 0,93 (Commitment) über dem geforderten Wert von 0,7. Auch die durchschnittlich erfasste Varianz liegt mit Werten von 0,87 (Kaufabsicht), 0,91 (Skepsis) und 0,88 (Commitment) über dem Schwellenwert von 0,5. Somit können die Variablen Kaufabsicht, Skepsis und Commitment als reliabel betrachtet werden. Die Konvergenz- und Diskriminanzvariabilität für die Variablen Kaufabsicht, Skepsis und Commitment wurde ebenfalls überprüft. Die Faktorladungen übertreffen mit mind. 0,94 (Kaufabsicht), 0,95 (Skepsis) und 0,93 (Commitment) den Schwellenwert von 0,7 und auch das Fornell-Larcker-Kriterium bestätigt die Diskriminanzvalidität.

4.5.6.2 Propensity Score Matching

Um die Ergebnisse von Studie 1 und 2 zu replizieren und in einer Feldstudie zu analysieren, ob die Absage eines Produkttests negative und positive Auswirkungen auf die Kaufabsicht und die Absicht, negatives WOM zu verbreiten (H1/H2), hat, werden die Daten der Pre- und Post-Treatment-Survey verwendet. Dabei werden die Unterschiede und Veränderungen in den Pre- und Post-Treatment-Survey-Daten untersucht. Um die Unterschiede zwischen den Probanden in Bezug auf psychologische Mechanismen und Verhaltensänderungen vor und nach dem Produkttest beurteilen zu können, wird sich auf diejenigen Teilnehmer konzentriert, die sowohl an der Pre- als auch an der Post-Treatment-Survey teilgenommen haben. Das bedeutet, dass sich auf insgesamt 112 Studierende konzentriert wird, von denen 84 sich nicht beworben haben und 28 sich beworben haben (Abb. 4.11: abgelehnte Bewerber: N = 23; angenommene Bewerber: N = 5). Die fünf Produkttester werden jedoch in der weiteren Analyse ebenfalls nicht betrachtet, sondern die Nicht-Bewerber werden mit den abgelehnten Bewerbern verglichen. Es werden die individuellen Codes der Teilnehmer verwendet, um die Unterschiede zwischen den Daten vor und nach dem Produkttest zu ermitteln und um festzustellen, ob sich der Teilnehmer für den Produkttest beworben und eine Absage erhalten hat.

Da die Teilnehmer nicht nach dem Zufallsprinzip als Produkttester ausgewählt wurden, sondern über eine selbstinitiierte Bewerbung in die Experimentalgruppe kamen, könnten sich die abgelehnten Bewerber systematisch von den Nicht-Bewerbern in der Kontrollgruppe unterscheiden. Statistisches Matching kann das Problem der Selbstselektion verringern (Rosenbaum/Rubin 1985, S. 35). In der Statistik (Rosenbaum/Rubin 1985), in den Wirtschaftswissenschaften (Dehejia/

Tabelle 4.6 Überprüfung der Konstruktmessung Feldstudie

Konstrukt	MW	SE	Faktorladung (> 0,7)[1]	Cronbachs α (> 0,7)[1]	DEV (> 0,5)[1]	Konstruktkorrelationen Kaufabsicht	Skepsis	Commitment
	Pre- Treatment-Survey							
Kaufabsicht	2,52	1,67	0,94	0,92	0,87 (0,93)[2]		0,02	0,58
	3,18	1,79	0,94					
	3,39	1,86	0,91					
Negatives WOM	11,81	18,49						
Skepsis	3,59	1,78	0,94	0,94	0,86 (0,93)[2]	0,02		0,02
	3,35	1,67	0,95					
	3,37	1,78	0,95					
Commitment	2,17	1,51	0,91	0,92	0,90 (0,95)[2]	0,58	0,02	
	1,78	1,24	0,95					
	2,0	1,34	0,93					
	Post-Treatment-Survey							
Kaufabsicht	2,71	1,67	0,95	0,94	0,87 (0,93)[2]		−0,01	0,60
	3,18	1,81	0,96					
	3,56	1,93	0,94					
Negatives WOM	9,87	16,97						

(Fortsetzung)

Tabelle 4.6 (Fortsetzung)

Konstrukt	MW	SE	Faktorladung (> 0,7)[1]	Cronbachs α (> 0,7)[1]	DEV (> 0,5)[1]	Konstruktkorrelationen		
						Kaufabsicht	Skepsis	Commitment
Skepsis	3,28	1,61	0,96	0,95	0,91 (0,95)[2]	−0,01		0,02
	3,13	1,52	0,96					
	3,08	1,59	0,95					
Commitment	2,53	1,60	0,94	0,93	0,88 (0,94)[2]	0,60	0,02	
	2,07	1,35	0,93					
	2,43	1,56	0,94					

MW = Mittelwert; SE = Standardabweichung; DEV = durchschnittlich erfasste Varianz
[1] Die Zahlen in Klammern sind die Schwellenwerte.
[2] Die Zahlen in Klammern sind die Quadratwurzeln der DEV.
Quelle: Eigene Darstellung.

Wahba 2002, Hirano/Imbens/Ridder 2003) und in der Marketingliteratur (Eggert/Steinhoff/Witte 2019; Huang et al. 2012) wurde es bereits häufig angewendet. Dabei wird ein randomisiertes Experiment unter Verwendung von Kovariaten nachgebildet, um eine künstliche Kontrollgruppe zu schaffen, die der Experimentalgruppe ähnlich ist (Rubin/Stuart 2006, S. 1 814 ff.). Wenn eine gut passende Kontrollgruppe geschaffen wurde, können die Unterschiede zwischen den Treatment-Empfängern und der Kontrollgruppe mithilfe eines Vergleichs der beiden Gruppen analysiert werden (Wangenheim/Bayón 2007, S. 40). Im Rahmen dieser Feldstudie wird das Propensity Score Matching angewendet (Eggert/Steinhoff/Witte 2019, Harmeling et al. 2015, Kumar et al. 2016), das sich gut eignet, um das Problem der Dimensionalität bei Vorhandensein vieler Kovariaten, die zu Selbstselektionseffekten führen könnten, zu reduzieren, da es alle Kovariaten in einer Skala zusammenfasst, nämlich der Wahrscheinlichkeit, das Treatment zu erhalten (Stuart 2010, S. 8).

Das Propensity Score Matching besteht aus **vier Schritten** (Garnefeld et al. 2013, S. 18; Wangenheim/Bayón 2007, S. 40). **Der erste Schritt** besteht darin, Prädiktoren für das Treatment (die Bewerbung) als unabhängige Variablen zu identifizieren (Caliendo/Kopeinig 2008, S. 38). In dieser Studie werden Determinanten identifiziert, um die Entscheidung des Teilnehmers, sich für den Produkttest zu bewerben, zu modellieren. Insgesamt wurden sechs Determinanten identifiziert, die dafür verantwortlich sein können, ob sich ein Teilnehmer bewirbt oder nicht. Diese lassen sich in **personenbezogene Merkmale**, **produkttestbezogene Merkmale** und **unternehmensbezogene Merkmale** unterteilen. Eine Übersicht über die identifizierten Variablen gibt Abbildung 4.12.

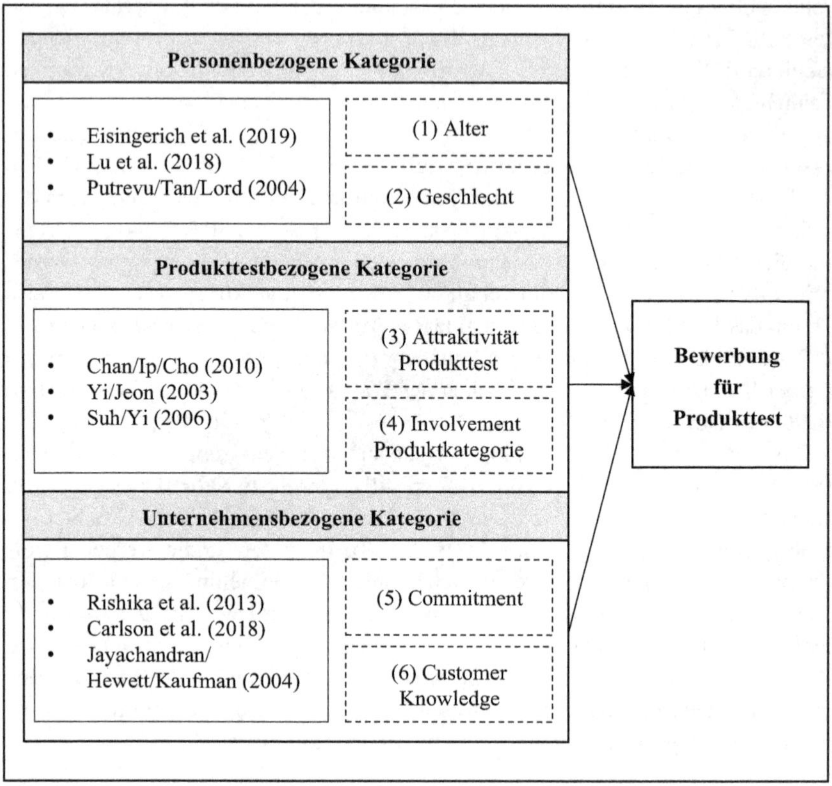

Abbildung 4.12 Identifizierte Matchingvariablen der Feldstudie. (Quelle: Eigene Darstellung)

In der **personenbezogenen** Kategorie wurden das Alter und das Geschlecht als mögliche Determinanten identifiziert. Das Alter hat einen positiven Einfluss auf das Engagement und die Bereitschaft, etwas für eine Marke zu tun (Eisingerich et al. 2019, S. 200; Lu et al. 2018, S. 85). Darüber hinaus wurde in mehreren Studien gezeigt, dass Männer und Frauen Werbung und Marketingaktivitäten unterschiedlich verarbeiten und darauf reagieren (Eisingerich et al. 2019, S. 200; Putrevu/Tan/Lord 2004, S. 20 ff.). Daher kann angenommen werden, dass das Alter und das Geschlecht beeinflussen, ob sich eine Person für einen Produkttest bewirbt. In der Kategorie der **produkttestbezogenen** Merkmale wurden die Attraktivität des Produkttests und das Involvement in der Produktkategorie als mögliche Determinanten identifiziert. Die Bewerbung hängt davon ab, wie attraktiv der Produkttest bewertet wird und wie involviert der Bewerber in die Produktkategorie ist. Zukünftige Absichten werden von der wahrgenommenen Attraktivität und dem Produktinvolvement beeinflusst. Involvement hat einen Einfluss auf die Einstellung und das daraus resultierende Engagement (Chan/Ip/Cho 2010, S. 1 207; Yi/Jeon 2003, S. 229; Suh/Yi 2006, S. 145). Somit kann die Wahrscheinlichkeit einer Bewerbung abhängig sein davon, inwiefern die Person das Testprodukt als attraktiv wahrnimmt und wie involviert sie in die Produktkategorie ist.

Darüber hinaus wurden das Commitment und das Customer Knowledge als **unternehmensbezogene** Faktoren identifiziert, die einen Einfluss auf die Bewerbung haben. Das Commitment beeinflusst das zukünftige Verhalten der Kunden und damit auch ihre Teilnahme an Produkttests (Rishika et al. 2013, S. 124 ff.). Einige Bewerber erhoffen sich von dem Produkttest, Feedback an das Unternehmen, in Form von Customer Knowledge, geben und somit dem Unternehmen helfen zu können (Carlson et al. 2018, S. 28; Jayachandran/Hewett/Kaufman 2004, S. 229 f.). Also kann eine Bewerbung einer Person abhängig davon sein, wie emotional verbunden sich die Person mit dem Unternehmen fühlt und wie hoch sie das Customer Knowledge bewertet.

Im **zweiten Schritt** wird der Propensity Score mit einer binären logistischen Regression berechnet. Der Score beschreibt die Wahrscheinlichkeit des Eintretens des Ereignisses (Eggert/Steinhoff/Witte 2019, S. 121), in diesem Fall also die Neigung der Teilnehmer, sich für den Produkttest zu bewerben (Tabelle 4.7). Die Ergebnisse der logistischen Regression bestätigen den Effekt der Attraktivität des Produkttests ($ß = 0{,}57$, $SE = 0{,}24$, $p = 0{,}02$) auf die Bewerbung. Das Alter ($ß = 0{,}06$, $SE = 0{,}10$, $p = 0{,}54$), das Geschlecht ($ß = -0{,}38$, $SE = 0{,}51$, $p = 0{,}46$), das Involvement der Produktkategorie ($ß = -0{,}09$, $SE = 0{,}18$, $p = 0{,}63$), das Commitment ($ß = 0{,}21$, $SE = 0{,}20$, $p = 0{,}29$) und das Customer Knowledge ($ß = 0{,}14$, $SE = 0{,}15$, $p = 0{,}38$) hatten hingegen keinen signifikanten Einfluss als antezedente Variable auf die Bewerbung. Es wurden dennoch alle theoretisch abgeleiteten Kovariaten in das Matching-Modell miteinbezogen, um den Propensity Score zu berechnen (Rubin/Thomas 1996, S. 253).

Tabelle 4.7 Determinanten der Bewerbung Pre- und Post-Treatment-Survey

Pre- and Post-Treatment-Survey		
Exogene Variable	Regressionskoeffizient	Wald
Konstante	−5,63	3,82
Personenbezogene Kategorie		
Alter	0,06	0,38
Geschlecht	−0,38	0,56
Produkttestbezogene Kategorie		
Attraktivität des Produkttests	0,57*	5,72
Involvement Produktkategorie	−0,09	0,23
Unternehmensbezogene Kategorie		
Commitment	0,21	1,11
Customer Knowledge	0,14	0,78

*** p < 0,001; ** p < 0,01; * p < 0,05
Quelle: Eigene Darstellung.

Im **dritten Schritt** des Propensity Score Matching wird jeder Treatment-Fall mit einem Nicht-Treatment-Fall gematcht. Dabei wurde das Nearest Neighbor Matching verwendet, bei dem der Treatment-Fall mit dem Nicht-Treatment-Fall zusammengebracht wird, der aufgrund seines Propensity Scores am nächsten liegt. Um dem Problem zu begegnen, dass einige Fälle bei dieser Variante keine gute Übereinstimmung erzielen, und eine Toleranzzone zu definieren, wird die Caliper-Matching-Methode verwendet. Die Toleranzzone gibt die maximale Differenz zwischen den Wahrscheinlichkeiten der beiden gematchten Fälle an (Wangenheim/Bayón 2007, S. 40 f.). In dieser Feldstudie werden die Treatment- und Nicht-Treatment-Fälle mit dem Caliper-Matching-Verfahren zusammengeführt. Der Treatment-Fall wird mit seinem nächsten Nachbarn gematcht, wenn die beiden Propensity Scores innerhalb der vorgegebenen Toleranzzone liegen (Cochran/Rubin 1973, S. 420, Eggert/Steinhoff/Witte 2019, S. 121). Das Matching-Verfahren verknüpft jeden abgelehnten Bewerber mit einem statistischen Zwilling aus der Kontrollgruppe, der sich nicht für den Produkttest beworben hat, aber statistisch gesehen die gleiche Wahrscheinlichkeit hatte, dies zu tun. Auf Grundlage der Regel von Silverman (1986, S. 45) wurde eine maximale Differenz von 0,07 in den Propensity Scores der gepaarten Teilnehmer ermittelt. Selbst mit dieser strengen Regel wurde für 23 der 23 (100 %) abgelehnten Bewerber ein statistischer Zwilling gefunden. Die gematchte Stichprobe besteht somit aus 46 Teilnehmern, von denen die Hälfte abgelehnt wurde und die andere Hälfte sich nicht für den Produkttest beworben hat.

Im **vierten Schritt** des Propensity Score Matching werden die Matching-Qualität und die prozentuale Verringerung der Verzerrung (PRB) (Rosenbaum/Rubin 1985, S. 35) bewertet. Die Prüfung auf signifikante Unterschiede in den Mittelwerten der Kovariaten zwischen der Experimental- und der Kontrollgruppe verifiziert, dass sich die Fälle in beiden Gruppen vor dem Matching in ihren beobachteten Merkmalen und ihrem Verhalten statistisch unterscheiden. Nach dem Matching sind die Mittelwerte der Kovariaten in beiden Gruppen jedoch nahezu identisch, was auf eine erfolgreiche Anpassung der Selbstselektion hindeutet. Die durchschnittliche PRB für alle signifikanten Prädiktoren beträgt 68 %, was auf eine Verringerung der Verzerrungen durch Selbstselektion hindeutet (Tabelle 4.8).

4.5.6.3 Difference-in-Differences-Schätzung

Im Folgenden wird die gematchte Stichprobe der Teilnehmer mit einem Difference-in-Differences-Ansatz analysiert. Die Kombination des Propensity Score Matching mit einer Difference-in-Differences-Schätzung hat sich als weniger anfällig für Verzerrungen erwiesen als alle anderen bekannten Methoden zur Bewertung von Treatmenteffekten (Eggert/Steinhof/Witte 2019; Heckman/Ichimura/Todd 1997; Wangenheim/Bayón 2007). In der Studie wird mit dem Difference-in-Differences-Ansatz das Verhalten der Teilnehmer in der Experimentalgruppe (die Teilnehmer, die sich für den Produkttest beworben haben und abgelehnt wurden) und der Kontrollgruppe (die Teilnehmer, die sich nicht für den Produkttest beworben haben) vor und nach dem Produkttest untersucht. Dabei werden die Unterschiede der abgesagten Teilnehmer und der Nicht-Bewerber hinsichtlich der Kaufabsicht (d. h. Kaufabsicht nach der Behandlung – Kaufabsicht vor der Behandlung), der Absicht, negatives WOM zu verbreiten, der wahrgenommenen Skepsis und des Commitments analysiert. Dieser Ansatz kontrolliert sowohl zeitinvariante Teilnehmermerkmale als auch Zeittrendeffekte und hilft, die kausale Wirkung der Absage auf das Kundenverhalten zu ermitteln (Bleier/Harmeling/Palmatier 2018; Eggert/Steinhoff/Witte 2019; Janakiraman/Lim/Rishika 2018).

4.5.6.4 Hypothesenüberprüfung

Um die Hypothesen 1 und 2 zu testen, wird das PROCESS-Verfahren (Hayes 2018) mit den Difference-in-Differnces-Schätzern bei der gematchten Stichprobe angewendet. Mit Modell 4 (5 000 Stichproben) wird zunächst analysiert, ob die Differenzen in der wahrgenommenen Skepsis und dem Commitment den Effekt einer Absage auf die Differenzen in den Kaufabsichten mediieren. Der indirekte

Tabelle 4.8 Mittelwerte vor und nach dem Matching

Vor Matching (Mittelwerte)			Variable	Nach Matching (Mittelwerte)			PRB
Kontrollgruppe Keine Bewerbung (n = 84)	Experim.-Gruppe Absagen (n = 23)	***p***-Wert	Kontrollgruppe	Kontrollgruppe Keine Bewerbung (n = 23)	Experim.-Gruppe Absagen (n = 23)	***p***-Wert	
5,11	5,87	0,01*	Attraktivität Produkttest	5,62	5,87	0,56	67,60 %
							67,60 %

*** p < 0,001; ** p < 0,01; * p < 0,05
Experim.-Gruppe = Experimentalgruppe
Quelle: Eigene Darstellung in Anlehnung an Garnefeld et al. 2013, S. 21.

Effekt über wahrgenommene Skepsis (b = –0,01, SE = 0,06, 90 % CI = [–0,11, 0,10]) auf die Kaufabsicht ist nicht signifikant. Hypothese H1a wird somit auch in dieser Studie nicht bestätigt. Da der Preis des Testprodukts in der Feldstudie vergleichsweise niedrig war, passt dies zu den Ergebnissen aus Studie 1 und Studie 2. Bewerber werden nur dann skeptisch, wenn die Testprodukte teurer sind oder sie häufiger abgelehnt werden. Der indirekte Effekt über das Commitment (b = 0,26, SE = 0,15, 90 % CI = [0,03, 0,50]) auf die Kaufabsicht ist signifikant, dies unterstützt H2a.

Bei genauerer Betrachtung des signifikanten positiven Effekts der Absage auf das wahrgenommene Commitment zeigt sich einen Anstieg von 0,78 auf der 7-stufigen Likert-Skala für das Commitment nach der Absage. Abbildung 4.13 zeigt die Mittelwerte und Veränderungen des Commitments für die Experimental- und die Kontrollgruppe. Nach dem Matching, in der Zeit vor dem Produkttest, gibt es einen nicht signifikanten Unterschied von 0,10 im Commitment. Die beiden Gruppen unterschieden sich also nicht im Commitment-Niveau vor der Durchführung des Produkttests. Dies belegt erneut die Wirksamkeit des Matchings. Nach der Absage weisen die abgelehnten Bewerber jedoch ein signifikant höheres durchschnittliches Commitment auf als die Nicht-Bewerber: Mit einem Commitment-Level von 3,23 haben sie ein um 0,78 höheres Commitment als die Nicht-Bewerber mit einem durchschnittlichen Commitment-Level von 2,45. Dies entspricht einer Commitment-Steigerung von 32 %.

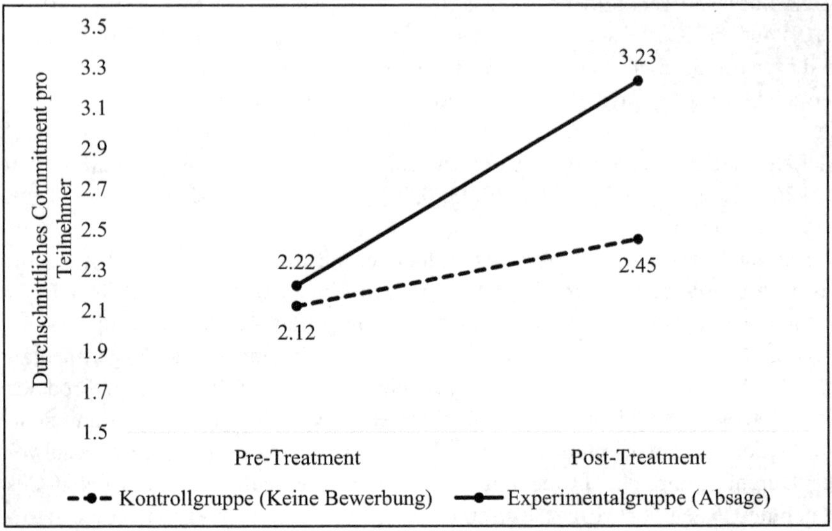

Abbildung 4.13 Entwicklung des Commitment bei abgelehnten Bewerbern und Nicht-Bewerbern. (Quelle: Eigene Darstellung)

Der direkte Effekt einer Absage auf die Kaufabsicht im PROCESS-Modell 4 ist nicht signifikant (t = −1,41, p = 0,16, 90 % CI = [−0,99, 0,09]). Der Gesamteffekt einer Absage (im Vergleich zu keiner Bewerbung) auf die Kaufabsicht ist ebenfalls nicht signifikant (b = −0,20, SE = 0,32, 90 % CI = [−0,75, 0,34]).

Anschließend wird untersucht, ob die Differenzen in der wahrgenommenen Skepsis und dem Commitment den Effekt einer Absage auf die Absicht, negatives WOM zu verbreiten, mediieren. Im Gegensatz zu den Hypothesen H1b und H2b ist weder ein signifikanter indirekter Effekt über die wahrgenommene Skepsis (b = 0,02, SE = 1,11, 90 % CI = [−1,73, 1,74]) noch über das Commitment (b = −1,71, SE = 2,31, 90 % CI = [−5,80, 1,64]) auf die Absicht, negatives WOM zu verbreiten, ersichtlich. Der direkte Effekt einer Absage beim Produkttest auf die Absicht, negatives WOM zu verbreiten, ist nicht signifikant (t = 0,30, p = 0,76, 90 % CI = [−9,29, 0,08]). Der Gesamteffekt einer Absage (im Vergleich zu einer Nicht-Bewerbung) auf die Absicht, negatives WOM zu verbreiten, ist ebenfalls nicht signifikant (b = 0,35, SE = 6,31, 90 % CI = [−10,25, 10,95]).

4.5.6.5 Post-hoc-Analyse

Bisher wurde sich auf die Kaufabsicht und die Absicht, negatives WOM zu verbreiten, als abhängige Variablen konzentriert. Mit den Daten aus der Feldstudie kann allerdings auch das tatsächliche Engagementverhalten als zusätzliche abhängige Variable verfolgt und analysiert werden. Kunden können mit ihrer Beteiligung (z. B. Teilnahme an Umfragen für Feedback-, Co-Creation- oder Entwicklungsprozesse) Werte für ein Unternehmen schaffen. Folglich kann das Ausmaß, in dem Kunden bereit sind, sich zu engagieren, den Wert eines Unternehmens beeinflussen (Kumar et al. 2010, S. 307). Dabei wurde in der Feldstudie Engagement als Teilnahme an der Befragung nach dem Treatment operationalisiert und verglichen, ob eine Absage das Engagement, d. h. die Teilnahme an der Post-Treatment-Survey, beeinflusst.

Das Commitment-Consistency-Prinzip kann nicht nur den Zusammenhang zwischen einer Absage und der Kaufabsicht des abgelehnten Bewerbers erklären, sondern auch den Zusammenhang zwischen der Absage und dem Engagement des abgelehnten Bewerbers erläutern. Nach Cialdini (2007, S. 43) besteht ein Verlangen danach, mit dem, was die Person bereits getan hat, konsistent zu sein (und zu erscheinen). Dieses sozialpsychologische Phänomen kann nicht nur das daraus resultierende Commitment beeinflussen, sondern sich auch auf das künftige Engagement von abgelehnten Bewerbern auswirken. Wenn es dem Unternehmen gelingt, eine Person zu überzeugen, sich für den Produkttest zu bewerben, entscheidet sich die Person aktiv für diese Aktion. Die Person macht also einen aktiven Schritt, indem sie sich bewirbt, was den Mechanismus des konsistenten Verhaltens in Gang setzt. Infolgedessen verspürt der Bewerber nun einen inneren und äußeren Druck, sich auch in Zukunft mit dem Unternehmen zu beschäftigen.

Dieses Verlangen nach Engagement war bereits in den Interviews der ersten explorativen Studie mit den abgelehnten Bewerbern zu erkennen. Es zeigte sich, dass eine Absage für den Produkttest sich nicht negativ auf die Beziehung zum Unternehmen auswirkt, da sich die Person einmal aktiv für ein Engagement mit dem Unternehmen entschieden hat. Die abgelehnten Bewerber waren lediglich motivierter, sich anschließend erneut für einen Produkttest des Unternehmens zu bewerben und weiterhin an Produkttests teilzunehmen:

> „I felt motivated to apply for more to be successful in future." (*männlich, 30*)

> „I ended up applying for more out of a desire to be more successful going forward." (*männlich, 33*)

> „I do not let something like this to put me off applying for future opportunities for product testing." (*weiblich, 79*)

„I had another chance to try again the next time, they had a product to test." (*weiblich, 27*)

„I was motivated to apply for the next hoping I would be a good fit." (*weiblich, 24*)

Um zu analysieren, ob sich eine Absage in einem Produkttester-Programm positiv auf das Engagement des abgelehnten Bewerbers auswirkt, werden die Daten aus der Pre-Treatment-Survey verwendet und die Teilnahme an der Post-Treatment-Survey analysiert. Aus diesem Grund ändert sich für die Post-hoc-Analyse die verwendete Stichprobe. Abbildung 4.14 zeigt die Verteilung der Teilnehmer auf die Gruppen.

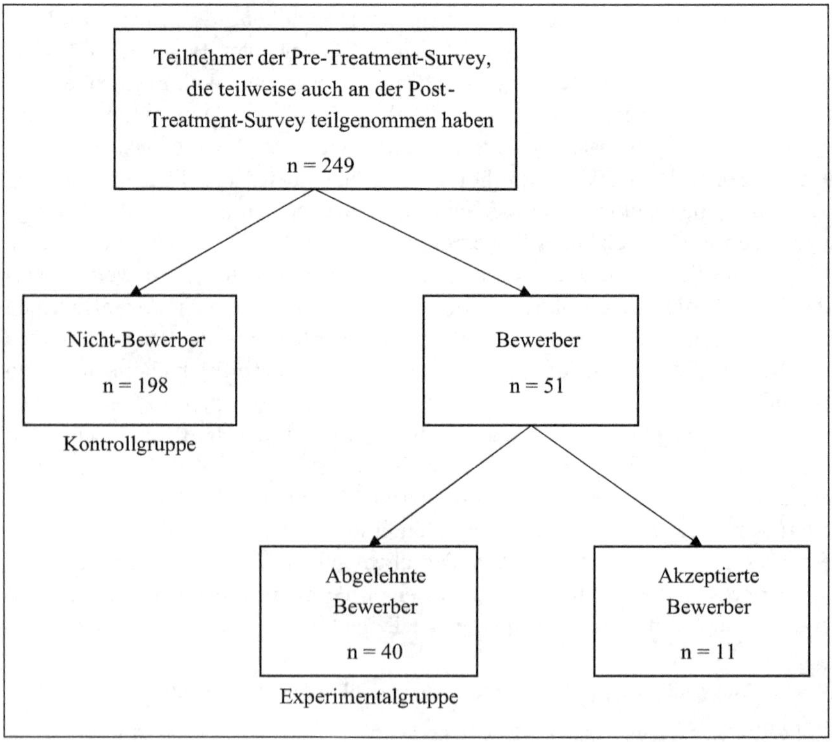

Abbildung 4.14 Verteilung der Teilnehmer Post-hoc-Analyse. (Quelle: Eigene Darstellung)

Innerhalb dieser Stichprobe von 249 Studierenden, die alle mindestens an der Pre-Treatment-Survey, teilweise aber auch an der Post-Treatment-Survey teilgenommen haben, hatten sich 51 Studierende auf den Produkttest beworben und 198 Studierende nicht. Von diesen 51 Bewerbern wurden 40 Bewerber abgelehnt und 11 Bewerber als Produkttester ausgewählt. In der Analyse werden die abgelehnten Bewerber mit denen verglichen, die sich nicht beworben haben (Kontrollgruppe).

Das Engagement der Teilnehmer nach dem Produkttest wird anhand der Teilnahme an der Post-Treatment-Survey gemessen. Mit den individuellen Codes der Teilnehmer kann festgestellt werden, welche Teilnehmer auch an der Post-Treatment-Survey teilgenommen haben und ob sie sich beworben und eine Absage erhalten haben. Als Analysemethoden werden analog zur Überprüfung der Hypothesen das Propensity Score Matching und die logistische Regression verwendet.

Wie beim Testen der Hypothesen wird auch beim Post-hoc-Test ein **Propensity Score Matching** verwendet, um das Problem der Selbstselektion zu beseitigen. Analog zur vorherigen Auswertung wird das Propensity Score Matching nach dem **4-Schritte-Schema** abgearbeitet. Der **erste Schritt** ist die Identifizierung der Prädiktoren für die Behandlung als unabhängige Variablen. Zuvor wurden Determinanten identifiziert, die die Bewerbung erklären, um die Entscheidung des Teilnehmers, sich für den Produkttest zu bewerben, zu modellieren (Caliendo/Kopeinig 2008, S. 38). Insgesamt wurden sechs Variablen aus der Pre-Treatment-Survey identifiziert, die dafür verantwortlich sind, ob sich ein Teilnehmer bewirbt oder nicht. Diese lassen sich in personen-, produkttest- und unternehmensbezogene Merkmale unterteilen. Auch in der Post-hoc-Analyse werden die gleichen identifizierten Determinanten verwendet, da einige der Teilnehmer dieselben sind und die zu berechnende Wahrscheinlichkeit einer Bewerbung dieselbe ist.

Im **zweiten Schritt** wird in einer binären logistischen Regression der Propensity Score berechnet. Auch hier wird für jeden Teilnehmer die Wahrscheinlichkeit berechnet, sich für den Produkttest zu bewerben (Tabelle 4.9). Es wird die binäre, logistische Regression berechnet, die alle Teilnehmer enthält, die an der Pre-Treatment-Survey teilgenommen haben. Die Ergebnisse der logistischen Regression bestätigen die Effekte der Attraktivität des Produkttests (ß = 0,61, SE = 0,18, p < 0,001), des Involvements der Produktkategorie (ß = −0,27, SE = 0,13, p = 0,04) und des Commitments (ß = 0,32, SE = 0,14, p = 0,02) auf die Bewerbung. Das Alter (ß = −0,04, SE = 0,07, p = 0,54), das Geschlecht (ß = −0,18, SE = 0,38, p = 0,63) und das Customer Knowledge (ß = 0,13, SE = 0,12, p = 0,26) hatten jedoch keinen signifikanten Einfluss. Auch hier werden dennoch alle theoretisch abgeleiteten Kovariablen in das Matching-Modell einbezogen, um den Propensity Score zu berechnen.

Tabelle 4.9 Determinanten der Bewerbung Pre-Treatment-Survey

Pre-Treatment-Survey		
Exogene Variable	Regressionskoeffizient	Wald
Konstante	−3,59	3,65
Personenbezogene Kategorie		
Alter	−0,04	0,37
Geschlecht	−0,18	0,24
Produkttestbezogene Kategorie		
Attraktivität des Produkttests	0,61***	11,47
Involvement Produktkategorie	−0,27*	4,173
Unternehmensbezogene Kategorie		
Commitment	0,32*	5,27
Customer Knowledge	0,13	1,25

*** p < 0,001; ** p < 0,01; * p < 0,05
Quelle: Eigene Darstellung.

Im **dritten Schritt** des Propensity Score Matching wird jeder Treatment-Fall mit einem Nicht-Treatment-Fall zugeordnet. Auch hier wird erneut das Caliper-Matching-Verfahren für die Zuordnung angewendet. Auf der Grundlage der Regel von Silverman (1986, S. 45) wird eine maximale Differenz von 0,04 in den Propensity Scores der gepaarten Teilnehmer festgelegt. Selbst mit dieser strengen Regel sind für 39 der 40 (97,5 %) abgelehnten Bewerber statistische Zwillinge zuordbar, was eine gute Quote bedeutet. Die gematchte Stichprobe besteht daher aus 78 Teilnehmern, von denen die Hälfte abgelehnt wurde und die Hälfte sich nicht für den Produkttest beworben hat.

Im **vierten Schritt** des Propensity Score Matching werden die Matching-Qualität und die prozentuale Verringerung der Verzerrung (PRB) bewertet. Es werden erneut die Matching-Qualität und die PRB für die Matches berechnet. Die Prüfung auf signifikante Unterschiede in den Mittelwerten der Kovariaten zwischen der Experimental- und der Kontrollgruppe zeigt, dass die Kunden beider Gruppen in der ursprünglichen Stichprobe statistisch unterschiedlich waren. Nach dem Matching-Verfahren sind die Mittelwerte beider Gruppen fast identisch; dies impliziert eine erfolgreiche Anpassung der Selbstselektion. Die durchschnittliche PRB für alle signifikanten Prädiktoren beträgt 82 %, was auf eine insgesamt

Tabelle 4.10 Mittelwerte vor und nach dem Matching Post-hoc-Analyse

Vor Matching (Mittelwerte)			Variable	Nach Matching (Mittelwerte)			PRB
Kontrollgruppe: Keine Bewerbung (n = 198)	Experim.-Gruppe: Absagen (n = 40)	***p*-Wert**		Kontrollgruppe: Keine Bewerbung (n = 39)	Experim.-Gruppe: Absagen (n = 39)	***p*-Wert**	
4,97	5,75	0,001**	Attraktivität Produkttest	5,63	5,75	0,67	84,70 %
1,86	2,43	0,009**	Commitment	2,50	2,38	0,72	78,90 %
							81,80 %

*** p < 0,001; ** p < 0,01; * p < 0,05
Experim.-Gruppe = Experimentalgruppe
Quelle: Eigene Darstellung in Anlehnung an Garnefeld et al., 2013, S. 21.

starke Verringerung der Verzerrungen aufgrund von Selbstselektion hindeutet (Tabelle 4.10).

Um zu testen, ob eine Absage einen positiven Effekt auf das Engagement der Teilnehmer hat, wird eine logistische Regression mit der gematchten Stichprobe durchgeführt. Die Ergebnisse der logistischen Regression zeigen, dass signifikant mehr Teilnehmer an der Post-Treatment-Survey teilgenommen haben, wenn sie eine Absage erhalten haben, als wenn sie sich nicht beworben haben ($ß = 2,18$, $SE = 0,48$, $p < 0,001$). Die Absage in dem Produkttest hat somit einen positiven Einfluss auf das Engagement der abgelehnten Bewerber.

5 Schlussbetrachtung

Kapitel 5 bildet die Schlussbetrachtung der vorliegenden Arbeit. In diesem Kapitel werden die im ersten Kapitel formulierten Forschungsfragen beantwortet, Implikationen für die Marketingforschung und Marketingpraxis aufgezeigt und Limitationen der Arbeit diskutiert. Zu Beginn werden die Ergebnisse der Arbeit zusammengefasst (**Abschnitt 5.1**). Danach werden die Implikationen für die Marketingforschung und -praxis abgeleitet (**Abschnitt 5.2**), bevor abschließend die Limitationen der Arbeit betrachtet werden und ein Ausblick auf den daraus resultierenden Forschungsbedarf gegeben wird (**Abschnitt 5.3**).

5.1 Zusammenfassung der Ergebnisse

Im Rahmen von Online-Produkttester-Programmen erhalten viele Bewerber vom Unternehmen eine Absage und somit kein Testprodukt. Der Ausgangspunkt der vorliegenden Arbeit war die Vermutung, dass Absagen in Online-Produkttester-Programmen sowohl zu negativen Konsequenzen als auch positive Konsequenzen für das ablehnende Unternehmen führen können. Daher zielte die wissenschaftliche Untersuchung darauf ab, die übergeordnete Forschungsfrage – Wie wirkt eine Absage in einem Online-Produkttester-Programm auf den abgelehnten Bewerber? – zu beantworten. Darüber hinaus sollten ebenfalls die drei untergeordneten Fragen beantwortet werden:

Ergänzende Information Die elektronische Version dieses Kapitels enthält Zusatzmaterial, auf das über folgenden Link zugegriffen werden kann https://doi.org/10.1007/978-3-658-45383-1_5.

K. L. Küpper, *Negative und positive Effekte von Absagen in Online-Produkttester-Programmen*, Applied Marketing Science / Angewandte Marketingforschung, https://doi.org/10.1007/978-3-658-45383-1_5

1. Welche psychologischen Mechanismen erklären die Effekte einer Absage in einem Online-Produkttester-Programm? Gibt es positive und negative Wirkmechanismen?
2. Unter welchen Bedingungen tritt der Effekt einer Absage in einem Online-Produkttester-Programm auf?
3. Wie beeinflusst eine Absage das zukünftige Verhalten der abgelehnten Bewerber?

Im Rahmen der konzeptionellen Grundlagen wurde deutlich, dass Online-Produkttester-Programme als Marketingmaßnahme Gemeinsamkeiten, aber auch relevante Unterschiede zum Product Sampling aufweisen, wie z. B. die Durchführung, die Vollwertigkeit des Produkts und die Verpflichtung nach der Bewerbung. Die Bestandsaufnahme der Literatur zeigte bereits eine erste Forschungslücke, da es bisher kaum Forschung zu Online-Produkttester-Programmen gibt. Auch bei der Betrachtung von Absagen wurde deutlich, dass es in der Sozialpsychologie und im Personalmanagement zwar umfangreiche Forschung zu den Wirkungsweisen und Einflussfaktoren von Absagen gibt, jedoch Absagen im Marketingkontext bisher eher weniger Beachtung gefunden haben. Lediglich Stockouts als Absageform im Marketing wurden weiter erforscht. Diese unterscheiden sich jedoch wiederum sehr stark von Absagen in Online-Produkttester-Programmen, sodass auch dort eine weitere Forschungslücke ersichtlich wurde: Es gibt keine Forschung zu den Wirkungsweisen von und Einflussfaktoren auf Absagen in Online-Produkttester-Programmen.

Zur Beantwortung der Forschungsfragen wurden basierend auf einer explorativen qualitativen Befragung und den theoretischen Grundlagen insgesamt 12 Hypothesen hergeleitet. Diese wurden anschließend in zwei Szenarioexperimenten und einer Feldstudie, die Propensity Score Matching mit einer Difference-in-Differences-Schätzung kombiniert, überprüft. Die Tabelle in Anhang 3 im elektronischen Zusatzmaterial gibt einen abschließenden Überblick über die durchgeführten Studien und die getesteten Hypothesen. Darüber hinaus kann in der Tabelle abgelesen werden, welche Hypothesen bestätigt bzw. nicht bestätigt werden konnten.

Insgesamt betrachtet zeigen die Ergebnisse der **Studie 1**, dass Absagen in Online-Produkttester-Programmen sowohl zu negativen als auch zu positiven Konsequenzen für das ablehnende Unternehmen führen können. Eine Absage erhöht das wahrgenommene Commitment der abgelehnten Bewerber, was wiederum zu einer Steigerung der Kaufabsicht der abgelehnten Bewerber führt (Hypothese H2a). Wenn der Preis des Testprodukts allerdings hoch ist, so erhöht sich nach einer Absage die wahrgenommene Skepsis der abgelehnten Bewerber.

Dies führt dann zu einer Abnahme der Kaufabsicht und einer Steigerung der Absicht, negatives WOM zu verbreiten (Hypothesen H3a und H3c). Die übrigen Hypothesen konnten nicht bestätigt werden oder wurden in der Studie nicht getestet (Anhang 3 im elektronischen Zusatzmaterial).

Die Ergebnisse aus **Studie 2** bestätigten erneut die positiven Konsequenzen für das ablehnende Unternehmen. Eine Absage erhöht auch in dieser Studie das wahrgenommene Commitment der abgelehnten Bewerber, was wiederum zu einer Steigerung der Kaufabsicht der abgelehnten Bewerber führt (Hypothese H2a). In diesem Szenarioexperiment wurde die Anzahl vorheriger Absagen als Kontextfaktor untersucht und festgestellt, dass bei mehrfacher Absage negative Konsequenzen für die Unternehmen entstehen können. Eine mehrfache Absage erhöht die wahrgenommene Skepsis der abgelehnten Bewerber. Dies führt zu einer Abnahme der Kaufabsicht und einer Steigerung der Absicht, negatives WOM zu verbreiten (Hypothesen H4a und H4c). Die übrigen Hypothesen konnten nicht bestätigt werden oder wurden in der Studie nicht getestet (Anhang 3 im elektronischen Zusatzmaterial).

Studie 3 konzentrierte sich anschließend auf die Überprüfung der Hypothesen ohne Moderations- bzw. Kontextvariablen im Feld. Konsistent zu Studie 1 und 2 stieg auch in der Feldstudie das wahrgenommene Commitment der abgelehnten Bewerber nach einer Absage an. Dies führt zu einer Steigerung der Kaufabsicht (Hypothese H2a). Die übrigen Hypothesen konnten nicht bestätigt werden oder wurden in der Studie nicht getestet (Anhang 3 im elektronischen Zusatzmaterial). Darüber hinaus wurde im Feld noch ein weiterer positiver Effekt für Unternehmen festgestellt. Nach einer Absage steigt das Engagement der abgelehnten Bewerber. Es nahmen signifikant mehr abgelehnte Bewerber an der Post-Treatment-Survey teil als Nicht-Bewerber.

Zusammengefasst bedeutet dies, dass eine Absage sowohl zu negativen als auch zu positiven Konsequenzen für das ablehnende Unternehmen führen kann. Die vorliegende Arbeit identifiziert psychologische Mechanismen, die die Effekte einer Absage erklären (**Forschungsfrage 1**). Eine Absage kann beim abgelehnten Bewerber Skepsis hervorrufen. Diese entsteht über den angestoßenen Attributionsprozess, um die möglichen Gründe für die Absage zu verstehen. Das Entstehen der Skepsis ist allerdings von Kontextbedingungen abhängig und tritt nicht immer auf. Gleichzeitig kann der abgelehnte Bewerber nach der Absage das Gefühl von Commitment verspüren. Dieses Commitment basiert auf der aktiven Entscheidung zur Bewerbung und steigt nach einer Absage in einem Online-Produkttester-Programm an.

Des Weiteren untersuchte die vorliegende Arbeit zwei verschiedene Kontextbedingungen. So wurde gezeigt, unter welchen Bedingungen der Effekt einer Absage in einem Online-Produkttester-Programm auftritt (**Forschungsfrage 2**). Eine Absage in einem Online-Produkttester-Programm erhöht nur die wahrgenommene Skepsis der abgelehnten Bewerber, wenn das Unternehmen hochpreisige Testprodukte anbietet. Bei hochpreisen Testprodukten muss das Unternehmen wegen des Anstiegs der wahrgenommenen Skepsis mit negativen Konsequenzen rechnen. Der Preis des Testprodukts hat keinen signifikanten Einfluss auf den Effekt einer Absage auf das wahrgenommene Commitment und das anschließende Verhalten der abgelehnten Bewerber. Ein weiterer Kontextfaktor, der einen Einfluss auf die wahrgenommene Skepsis der abgelehnten Bewerber hat, ist die Anzahl an vorherigen Absagen. Wenn ein Unternehmen mehrfach einen Bewerber ablehnt (drei oder zehn Mal), erhöht sich die wahrgenommene Skepsis. Zum dritten Mal abgelehnte Bewerber sind signifikant skeptischer als zum ersten Mal abgelehnte Bewerber. Bewerber, die bereits zum zehnten Mal vom Unternehmen als Produkttester abgelehnt werden, sind noch skeptischer. Die Anzahl an vorherigen Absagen hat keinen signifikanten Einfluss auf das wahrgenommene Commitment.

Auch die Frage, inwiefern eine Absage das zukünftige Verhalten der abgelehnten Bewerber beeinflusst, kann beantwortet werden (**Forschungsfrage 3**). Verspürt ein abgelehnter Bewerber Skepsis aufgrund eines hohen Produktpreises oder mehrfacher vorheriger Absagen, so nimmt seine Kaufabsicht ab. Gleichzeitig erhöht sich wiederum die Absicht, negatives WOM über das Unternehmen zu verbreiten. Das auftretende Commitment führt beim abgelehnten Bewerber zu einer Steigerung der Kaufabsicht.

5.2 Implikationen für die Marketingforschung und -praxis

Dieser Abschnitt zeigt die relevanten Erkenntnisse für die Marketingforschung und Marketingpraxis auf. Im Folgenden werden zunächst die Implikationen für die Marketingforschung gegeben (**Abschnitt 5.2.1**), bevor die Implikationen für die Marketingpraxis genannt werden (**Abschnitt 5.2.2**).

5.2.1 Implikationen für die Marketingforschung

Die vorliegende Arbeit hat **drei Implikationen** für die Marketingforschung. **Erstens** deuten die negativen und positiven Effekte von Absagen auf abgelehnte Bewerber in Online-Produkttester-Programmen auf die Notwendigkeit weiterer theoretischer und empirischer Arbeiten hin, die sich auf das Verständnis der Auswirkungen von Absagen konzentrieren. Der bisherige Stand der Forschung zu Absagen im Marketing ist noch sehr gering. Es sind weitere Untersuchungen erforderlich, um ihn zu vergrößern und die inkonsistenten Ergebnisse der Product-Sampling-Forschung zu verstehen. Fombelle und Kollegen (2016, S. 685) finden negative Auswirkungen von Absagen im Marketingbereich auf die weitere Teilnahme der abgelehnten Bewerber, aber Piezunka und Dahlander (2019, S. 521) stellen heraus, dass Absagen auch als Feedback interpretiert werden können und von den abgelehnten Teilnehmern geschätzt werden (Fombelle/Bone/Lemon 2016, S. 685; Piezunka/Dahlander 2019, S. 521).

Absagen in den verschiedenen Disziplinen (Sozialpsychologie, Personalmanagement und Marketing) unterscheiden sich voneinander. Eine Absage im Produkttester-Programm zeichnet sich dadurch aus, dass sie vom Unternehmen ausgesprochen wird, der abgelehnte Bewerber die Gründe für die Absage oft nicht kennt und sich als individuelle Person abgelehnt fühlen kann, da er sich zuvor persönlich und schriftlich bewerben musste. Die bisherige Forschung zu Absagen in zwischenmenschlichen Beziehungen oder im Personalmanagement, zu Stockouts, Absagen im Co-Creation-Kontext oder beim Verlust eines Wettbewerbs oder Gewinnspiels kann den spezifischen Auswirkungen von Absagen in Produkttester-Programmen nicht gerecht werden. Die vorliegende Arbeit liefert somit erste Erkenntnisse, um die Forschungslücken zu schließen: Es werden positive Auswirkungen von Absagen in Online-Produkttester-Programmen aufgezeigt. Die Steigerung von Kaufabsicht und Engagement der abgelehnten Bewerber ist eine von Unternehmen gewünschte Verhaltensweise. Es wurden darüber hinaus auch noch einige kontextbezogene Faktoren identifiziert, die zu negativen Auswirkungen führen können.

Zweitens unterstreicht diese Arbeit, wie wichtig es ist, verschiedene, möglicherweise widersprüchliche theoretische Mechanismen zu berücksichtigen, wenn die Ergebnisse von Online-Produkttester-Programmen antizipiert werden. Die Ergebnisse deuten darauf hin, dass mehrere psychologische Mechanismen in den Köpfen der Kunden koexistieren, wie bereits in anderen Forschungsstudien gezeigt wurde (Steinhoff/Palmatier 2016; Eggert/Steinhoff/Garnefeld 2015). Es werden theoretisch zwei gegensätzliche Mechanismen abgeleitet und experimentell bestätigt, die die Effekte von Produkttester-Programmen auf Kaufabsichten und Absichten, negatives WOM zu verbreiten, erklären: wahrgenommene Skepsis und wahrgenommenes Commitment. Einerseits wollen abgelehnte Bewerber die Gründe für ihre Absage erfahren. Da die abgelehnten Bewerber sich selbst schützen wollen oder nicht alle Hintergrundprozesse des Produkttests kennen können, kann es leicht passieren, dass der Attributionsprozess der abgelehnten

Bewerber versagt und sie die tatsächlichen Motive des Unternehmens hinter dem Produkttest infrage stellen. Dies hat zur Folge, dass die abgelehnten Bewerber skeptisch werden und wahrscheinlich weniger geneigt sind, das Testprodukt nach der Absage zu kaufen. Gleichzeitig können sie dazu neigen, negatives WOM zu verbreiten. Andererseits sind die Menschen bestrebt, sich konsistent zu verhalten, und werden dementsprechend von der Gesellschaft unter Druck gesetzt. Wenn sich eine Person also einmal aktiv für etwas entschieden hat, ändert sie nur sehr selten ihre Meinung und Richtung. Dies deutet darauf hin, dass die abgelehnten Personen das Produkt nach der Absage dennoch testen und anschließend kaufen wollen.

Drittens unterstreicht die vorliegende Arbeit, dass es darauf ankommt, auf die Kontextfaktoren zu achten, denn der Preis und die Anzahl an vorherigen Absagen steuern die mediierende Rolle der Skepsis. Eine Absage in einem Online-Produkttester-Programm führt zu einem Anstieg der wahrgenommenen Skepsis bei hochpreisigen Testprodukten. Ebenso steigt die Skepsis, wenn der Bewerber bereits mehrfach abgelehnt wurde. Studien, die die Kontextfaktoren vernachlässigen, können daher zu irreführenden Schlussfolgerungen führen.

5.2.2 Implikationen für die Marketingpraxis

Aus den gewonnenen Erkenntnissen über die Wirkung von Absagen in Online-Produkttester-Programmen lassen sich relevante Handlungsempfehlungen für die Marketingpraxis ableiten. Für die Durchführung eines Online-Produkttester-Programms ergeben sich wesentliche Implikationen, die das Bewusstsein potenzieller negativer und positiver Effekte von Absagen und die Gestaltung von Online-Produkttester-Programmen betreffen.

In der Marketingpraxis können Manager von den Ergebnissen der vorliegenden Arbeit in mehrfacher Hinsicht profitieren. **Erstens** wurde in der Arbeit gezeigt, dass es für Unternehmen wichtig ist, sich nicht ausschließlich auf angenommene Bewerber zu konzentrieren, sondern auch abgelehnte Bewerber zu berücksichtigen, um potenzielle negative und positive Effekte von Absagen antizipieren zu können. Zwar steigert eine Absage das wahrgenommene Commitment des abgelehnten Bewerbers gegenüber dem Unternehmen, jedoch kann gleichzeitig, unter gewissen Bedingungen, auch die wahrgenommene Skepsis der abgelehnten Bewerber gesteigert werden. Beachtet ein Unternehmen die negativen Effekte einer Absage nicht und konzentriert sich nur auf die positiven Effekte der akzeptierten Bewerber, so ist die Evaluation der Effektivität des Programms fehlerhaft. Die vorliegende Arbeit unterstreicht mit ihren Erkenntnissen die Wichtigkeit eines Absagen-Managements. Unternehmen sollten daher den Return on Marketing eines Produkttests sorgfältig kalkulieren (Reinecke/Tomczak 2006, S. 5 ff.; Rust/Lemon/Zeithaml 2004, S. 109 f.). So müssen sie nicht nur positive Effekte auf angenommene Bewerber, sondern auch negative und positive Effekte auf abgelehnte Bewerber einbeziehen. Auf diese Weise können sie die optimale Teilnehmerzahl für ihre Programme festlegen, um die Rentabilität zu erhöhen. Wenn die Unternehmen negative Effekte aufgrund von schädlichem WOM-Verhalten reduzieren oder vermeiden wollen, sollten sie in Erwägung ziehen, mehr oder alle Bewerber zu akzeptieren, sofern dies möglich ist. Auf diese Weise könnten die Unternehmen auch von den positiven Effekten abgelehnter Bewerber profitieren und die negativen Auswirkungen eindämmen.

Zweitens ruft die Identifizierung von negativen Effekten einer Absage in einem Online-Produkttester-Programm die Manager zur Vorsicht auf. Allerdings zeigt die vorliegende Arbeit auch, unter welchen kontextualen Bedingungen die abgelehnten Bewerber Skepsis verspüren. Somit können Manager mittels der gezielten Gestaltung des Programms die negativen Effekte managen.

Drittens sollten die Manager bei der Gestaltung des Programms den Preis des Testprodukts beachten. Die Ergebnisse legen nahe, dass die Absage insbesondere dann Skepsis hervorruft, wenn der Bewerber aufgrund des hohen Investments aufseiten des Unternehmens oder der wiederkehrenden Absage versteckte Motive hinter dem Produkttest vermutet. Die Manager sollten somit den Preis des Testproduktes beachten, um die positiven Effekte des Commitments zu erhalten und die negativen Effekte der Skepsis zu verringern. Wenn das Unternehmen ein hochpreisiges Testprodukt auswählt, ist es möglich, dass die abgelehnten Bewerber skeptischer reagieren. Daher sollten Manager nach Möglichkeit niedrigpreisige Testprodukte wählen, um Skepsis nach einer Absage zu vermeiden. Bietet ein Unternehmen hochpreisige Testprodukte an, sollten die Manager versuchen, die Skepsis zu verringern, um die Kaufabsicht zu erhöhen und negatives WOM zu verhindern. Um die Skepsis der abgelehnten Bewerber zu reduzieren, gibt es folgende drei Möglichkeiten: Eine erste Handlungsempfehlung wäre es, den Auswahlprozess der Produkttester so transparent wie möglich zu gestalten, damit die abgelehnten Bewerber die Gründe für die Absage nachvollziehen können. Darüber hinaus können Unternehmen weitere Informationen zum Produkttest, wie z. B. die Anzahl der verfügbaren Testprodukte, zur Verfügung stellen, um der Vermutung entgegenzuwirken, dass es gar keine Testprodukte gibt. Zuletzt können die Unternehmen auch die Ergebnisse und das Feedback der Produkttester vergangener Produkttests veröffentlichen, um zu zeigen, dass sie die angepriesenen Testprodukte auch verteilen.

Viertens sollten sich die Manager die früheren Absagen der Bewerber ebenfalls ansehen. Wenn ein Bewerber vom Unternehmen zum ersten Mal abgelehnt wird, profitiert das Unternehmen von seinem erhöhten Commitment. Ziel des Managers sollte es dann sein, das Commitment weiter zu erhöhen, um die Kaufabsicht zu maximieren. Eine Handlungsoption kann daher sein, den Bewerbungsprozess attraktiv zu gestalten, um das Testprodukt attraktiver und eine erneute Bewerbung wahrscheinlicher zu machen. Ab der dritten Absage hingegen wird die Skepsis der abgelehnten Bewerber gesteigert. Dies gilt es für die Manager zu verhindern. Auch hier sollten die Verantwortlichen den Auswahlprozess der Produkttester so transparent wie möglich gestalten, damit die abgelehnten Bewerber die Gründe für die Absage nachvollziehen können und die Bewerber nach mehrfacher Absage womöglich weniger skeptisch sind. Darüber hinaus können die Unternehmen dafür sorgen, dass die Bewerber bei der nächsten Bewerbung als Tester genommen werden, indem sie die Anzahl an Bewerbungen nachverfolgen. Sie können so verhindern, dass Bewerber mehrfach abgelehnt werden und den abgelehnten Bewerbern unmittelbar mit der Absage erklären, dass sie beim nächsten Produkttest bei erneuter Bewerbung bevorzugt behandelt werden, um die Skepsis zu reduzieren.

5.3 Limitationen und weiterführender Forschungsbedarf

Die vorliegende Arbeit stellt die erste Untersuchung des Zusammenhangs zwischen Absagen und der Kaufabsicht und der Absicht, negatives WOM zu verbreiten, dar. Die Grenzen der Arbeit weisen auf zukünftige Forschungsmöglichkeiten hin. **Erstens** konzentriert sich die Studie auf Absagen in Online-Produkttester-Programmen. Im Rahmen der konzeptionellen Grundlagen wurde festgestellt, dass Absagen primär in der Sozialpsychologie (Leary 2001; Williams/Zadro 2001) und dem Personalmanagement untersucht wurden (Gilliland 1993; Horvath/Ryan/Stierwart 2000), im Marketing hingegen bisher nur wenig betrachtet wurden. Das am häufigsten auftretende Phänomen der Stockouts liefert die meisten Erkenntnisse in Bezug auf die Wirkungsweise einer Absage und die Einflussfaktoren auf deren Wahrnehmung (Ge/Messinger/Li 2009; Wangenheim/Bayón 2007; Helm/Hegenbart/Endres 2013). Ablehnung von Verbraucherideen und Verlust eines Wettbewerbs oder Spiels wurden hingegen bisher nur begrenzt betrachtet. Zukünftige Studien sollten versuchen, die Forschungslücke zu Absagen im Marketing weiter zu schließen und die bisher wenigen Erkenntnisse zu Absagen z. B. im Co-Creation-Kontext weiter auszubauen (Fombelle/Bone/Lemon 2016).

Darüber hinaus werden im Rahmen von Produkttester-Programmen vollwertige Güter an die Tester verteilt. Für zukünftige Forschung kann es allerdings ebenfalls von Interesse sein, Absagen für eine Dienstleistung zu untersuchen, weil es denkbar ist, dass zukünftig auch Produkttests mit Dienstleistungen angeboten werden könnten. Es gilt herauszufinden, ob Dienstleistungsunternehmen ebenfalls negative und positive Effekte zu erwarten hätten, wenn sie einen Produkttest durchführen und Bewerber ablehnen würden.

Zweitens können weitere Studien auf den Erkenntnissen der vorliegenden Arbeit aufbauen und andere kontextbezogene Faktoren testen. Die Betrachtung von Kontextfaktoren ist in der Marketingforschung von enormer Bedeutung (Garnefeld/Helm/Eggert 2011, S. 101). Einige Produkttester-Programme verlangen z. B. von den Bewerbern nur das Ausfüllen eines kurzen Fragebogens, während andere von den Bewerbern ein ausführliches Motivationsschreiben erwarten. Somit kann der Aufwand, den der Bewerber in die Bewerbung investierte, einen Einfluss auf die Effekte der Absage haben. Laut Rafaeli (1999, S. 710) ist die investierte Zeit ein Prädikator für die Reaktion eines Bewerbers im Job-Bewerbungs-Prozess. In der Feldstudie mussten die Studierenden für die Bewerbung nur einen kurzen Fragebogen ausfüllen, sodass dieser kontextuelle Faktor in zukünftigen Untersuchungen ebenfalls untersucht werden könnte. Darüber hinaus kann auch der Wortlaut des Ablehnungsschreibens eine Rolle spielen. Gilliland et al. (2001, S. 669) haben in ihren Untersuchungen bereits festgestellt, dass der Wortlaut der Absage einen Einfluss auf die Gefühle der abgelehnten Bewerber hat. Erweckt das Unternehmen ein Gefühl der Fairness über die Formulierung der Absage, nehmen die abgelehnten Bewerber im Auswahlverfahren die Absage als nicht so negativ wahr. Auch im Co-Creation-Kontext zeigt sich, dass die Formulierung der Absage als freundliches Feedback die Loyalität zum Unternehmen erhöhen kann (Piezunka/Dahlander 2019, S. 521).

Drittens werden die in der vorliegenden Arbeit untersuchten abhängigen Variablen (Kaufabsicht und Absicht, negatives WOM zu verbreiten) als Verhaltensabsichten operationalisiert. Lediglich im Rahmen der Post-hoc-Analyse wird das Engagement der abgelehnten Bewerber als tatsächliches Verhalten gemessen. In der Marketingforschung wird die Verhaltensabsicht als guter Indikator für tatsächliches Verhalten genutzt (Ajzen 1985, S. 18; Ajzen 1991, S. 181 f.; Fishbein/Ajzen 1975, S. 368 f.), allerdings sollte zukünftige Forschung zur weiteren Steigerung der externen Validität auch tatsächliches Kaufverhalten und negatives WOM-Verhalten messen.

Literaturverzeichnis

Aaker, David A.; Kumar, V.; Leone, Robert P.; Day, George S. (2013): Marketing research. International student version. 11. Aufl. Singapore: Wiley.

Adams, J. Stacy (1965): Inequity in social exchange. In: Advances in experimental social psychology, Bd. 2: Elsevier, S. 267–299.

Adler, Alfred (1930): The education of children. London: George Allen & Unwin Ltd.

Ainsworth, Mary D. S. (1989): Attachments beyond infancy. In: *American Psychologist* 44 (4), S. 709–716.

Ajzen, Icek (1985): From intentions to actions: A theory of planned behavior. In: Julius Kuhl und Jürgen Beckmann (Hg.): Action control. From cognition to behavior. Berlin Heidelberg: Springer, S. 11–39.

Ajzen, Icek (1991): The theory of planned behavior. In: *Organizational Behavior and Human Decision Processes* 50 (2), S. 179–211.

Aral, Sinan; Muchnik, Lev; Sundararajan, Arun (2013): Engineering social contagions: Optimal network seeding in the presence of homophily. In: *Network Science* 1 (2), S. 125–153.

Ambrose, Maureen L.; Cropanzano, Russell (2003): A longitudinal analysis of organizational fairness: An examination of reactions to tenure and promotion decisions. In: *Journal of Applied Psychology* 88 (2), S. 266–275.

Baca-Motes, Katie; Brown, Amber; Gneezy, Ayelet; Keenan, Elizabeth A.; Nelson, Leif D. (2013): Commitment and Behavior Change: Evidence from the Field. In: *Journal of Consumer Research* 39 (5), S. 1 070–1 084.

Bauer, Talya N.; Maertz, Jr., Carl P.; Dolen, Michael R.; Campion, Michael A. (1998): Longitudinal assessment of applicant reactions to employment testing and test outcome feedback. In: *Journal of Applied Psychology* 83 (6), S. 892–903.

Baum, Daniela; Spann, Martin; Füller, Johann; Thürridl, Carina (2019): The impact of social media campaigns on the success of new product introductions. In: *Journal of Retailing and Consumer Services* 50, S. 289–297.

Baumeister, Roy F.; Leary, Mark R. (1995): The need to belong: Desire for interpersonal attachments as a fundamental human motivation. In: *Psychological Bulletin* 117 (3), S. 497–529.

Bawa, Kapil; Shoemaker, Robert (2004): The effects of free sample promotions on incremental brand sales. In: *Marketing Science* 23 (3), S. 345–363.

K. L. Küpper, *Negative und positive Effekte von Absagen in Online-Produkttester-Programmen*, Applied Marketing Science / Angewandte Marketingforschung, https://doi.org/10.1007/978-3-658-45383-1

Bergkvist, Lars; Rossiter, John R. (2007): The Predictive Validity of Multiple-Item versus Single-Item Measures of the Same Constructs. In: *Journal of Marketing Research* 44(2), S. 175–184.

Bettinger, Charles O.; Dawson Jr., Lyndon E.; Wales, Hugh G. (1979): The impact of free-sample advertising. In: *Journal of Advertising Research* 19 (3), S. 35–39.

Bleier, Alexander; Harmeling, Colleen M.; Palmatier, Robert W. (2018): Creating effective online customer experiences. In: Journal of Marketing 83 (2), S. 1–22.

Bond, Samuel D.; He, Stephen X.; Wen, Wen (2019): Speaking for "free": Word of mouth in free-and paid-product settings. In: *Journal of Marketing Research* 56 (2), S. 276–290.

Boyes, Mark E.; French, Davina J. (2009): Having a cyberball: Using a ball-throwing game as an experimental social stressor to examine the relationship between neuroticism and coping. In: *Personality and Individual Differences* 47 (5), S. 396–401.

Burger, Jerry M. (1992): Desire for control. Personality, social, and clinical perspectives. 1. Aufl. New York: Springer Science & Business Media.

Caliendo, Marco; Kopeinig, Sabine (2008): Some practical guidance for the implementation of propensity score matching. In: *Journal of Economic Surveys* 22 (1), S. 31–72.

Campbell, Donald T.; Stanley, Julian C. (1963): Experimental and quasi-experimental designs for research. Chicago: Rand McNally & Company.

Carlson, Jamie; Rahman, Mohammad; Voola, Ranjit; De Vries, Natalie (2018): Customer engagement behaviours in social media: Capturing innovation opportunities. In: *Journal of Services Marketing* 32 (1).

Chae, Inyoung; Stephen, Andrew T.; Bart, Yakov; Yao, Dai (2017): Spillover effects in seeded word-of-mouth marketing campaigns. In: *Marketing Science* 36 (1), S. 89–104.

Chan, S. L.; Ip, W. H.; Cho, V. (2010): A model for predicting customer value from perspectives of product attractiveness and marketing strategy. In: *Expert Systems with Applications* 37 (2), S. 1 207–1 215.

Chandukala, Sandeep R.; Dotson, Jeffrey P.; Liu, Qing (2017): An assessment of when, where and under what conditions in-store sampling is most effective. In: *Journal of Retailing* 93 (4), S. 493–506.

Chellappa, Ramnath K.; Shivendu, Shivendu (2005): Managing piracy: Pricing and sampling strategies for digital experience goods in vertically segmented markets. In: Information Systems Research 16 (4), S. 400–417.

Chen, Hong; Duan, Wenjing; Zhou, Wenqi (2017): The interplay between free sampling and word of mouth in the online software market. In: *Decision Support Systems* 95, S. 82–90.

Cheng, Hsing Kenneth; Liu, Yipeng (2012): Optimal software free trial strategy: The impact of network externalities and consumer uncertainty. In: *Information Systems Research* 23 (2), S. 488–504.

Cialdini, Robert B. (2007): Influence. The psychology of persuasion. 4. Aufl. New York: HarperCollins.

Cochran, William G.; Rubin; Donald B. (1973): Controlling bias in observational studies: A review. In: *Sankhyā: The Indian Journal of Statistics: Series A*, S. 417–446.

Cronbach, Lee J. (1951): Coefficient alpha and the internal structure of tests. In: *Psychometrika* 16 (3), S. 297–334.

Cui, Fang; Hu, Hai-hua; Cui, Wen-tian; Xie, Ying (2018): Seeding strategies for new product launch: The role of negative word-of-mouth. In: *PloS ONE* 13 (11), S. 1–23.

Dehejia, Rajeev H.; Wahba, Sadek (2002): Propensity score-matching methods for nonexperimental causal studies. In: *The Review of Economics and Statistics* 84 (1), S. 151–161.

Dm-drogerie markt (2023: Produkttester-Community von dm, online verfügbar unter: https://produkttester.dm.de/so-gehts, zuletzt geprüft am 04.09.2023.

Döring, Nicola (2023): Forschungsmethoden und Evaluation in den Sozial- und Humanwissenschaften, 6. Aufl., Berlin: Springer.

Döring, Nicola; Bortz, Jürgen (2016): Forschungsmethoden und Evaluation in den Sozial- und Humanwissenschaften. 5. Aufl. Berlin Heidelberg: Springer.

Dost, Florian; Phieler, Ulrike; Haenlein, Michael; Libai, Barak (2019): Seeding as part of the marketing mix: word-of-mouth program interactions for fast-moving consumer goods. In: *Journal of Marketing* 83 (2), S. 62–81.

Dunn, Jennifer; Schweitzer, Maurice (2005): Feeling and Believing: The Influence of Emotion on Trust. In: *Journal of personality and social psychology* 88, S. 736–748.

Eggert, Andreas; Steinhoff, Lena; Garnefeld, Ina (2015): Managing the bright and dark sides of status endowment in hierarchical loyalty programs. In: *Journal of Service Research* 18 (2), S. 210–228.

Eggert, Andreas; Steinhoff, Lena; Witte, Carina (2019): Gift purchases as catalysts for strengthening customer–brand relationships. In: *Journal of Marketing* 83(5), S. 115–132.

Eid, Michael; Gollwitzer, Mario; Schmitt, Manfred (2017): Statistik und Forschungsmethoden, 5. Aufl., Basel: Beltz Verlag.

Eifler, Stefanie; Leitgöb, Heinz (2019): Experiment. In: Baur, N., Blasius, J. (eds) Handbuch Methoden der empirischen Sozialforschung. Wiesbaden: Springer VS, S. 225–241.

Eisingerich, Andreas B.; Marchand, André; Fritze, Martin P.; Dong, Lin (2019): Hook vs. hope: How to enhance customer engagement through gamification. In: *International Journal of Research in Marketing* 36 (2). S. 200–215.

Eisenberger, Naomi I.; Lieberman, Matthew D.; Williams, Kipling D. (2003): Does rejection hurt? An fMRI study of social exclusion. In: *SCIENCE* 302, S. 290–292.

Eroglu, S. (1987): The scenario method: A theoretical, not theatrical, approach. In: *1987 AMA Summer Marketing Educators' Conference Proceedings*, Chicago, S. 236.

Feinberg, Richard A.; Meoli-Stanton, Jennifer; Gable, Myron (1996): Employment rejection and acceptance letters and their unintended consequences on image, self-concept, and intentions. In: *Journal of Business and Psychology* 11 (1), S. 63–71.

Festinger, Leon (1957): A theory of cognitive dissonance. Redwood City: Stanford University Press.

Fishbein, M.; Ajzen, Icek (1975): Belief, attitude, intention, and behavior: An introduction to theory and research. Reading, Ma: Addison-Wesley.

Fitzsimons, Gavan J. (2000): Consumer response to stockouts. In: *Journal of Consumer Research* 27 (2), S. 249–266.

Fombelle, Paul W.; Bone, Sterling A.; Lemon, Katherine N. (2016): Responding to the 98%: Face-enhancing strategies for dealing with rejected customer ideas. In: *Journal of the Academy of Marketing Science* 44, S. 685–706.

Forehand, M. R., & Grier, S. (2003): When is honesty the best policy? The effect of stated company intent on consumer skepticism. In: *Journal of Consumer Psychology, 13*(3), S. 349–356.

Fornell, Claes; Larcker, David F. (1981): Evaluating structural equation models with unobservable variables and measurement error. In: *Journal of Marketing Research* 18 (1), S. 39–50.

Foscht, T.; Angerer, T.: Swoboda, B. (2009): Mixed Methods. In: Buber, R., Holzmüller, Hartmut .H (Hg.): Qualitative Marktforschung. Wiesbaden: Gabler, S. 247–259.

Foubert, Bram; Gijsbrechts, Els (2016): Try it, you'll like it – or will you? The perils of early free-trial promotions for high-tech service adoption. In: *Marketing Science* 35 (5), S. 810–826.

Freedman, Jonathan L.; Fraser, Scott C. (1966): Compliance without pressure: The foot-in-the-door technique. *Journal ol Personality and Social Psychology* 4 (2), S. 195–202.

Fullerton, Gordon (2005): How commitment both enables and undermines marketing relationships. In: *European Journal of Marketing* 39 (11/12), S. 1 372–1 388.

Garnefeld, Ina; Eggert, Andreas; Helm, Sabrina V.; Tax, Stephen S. (2013): Growing existing customers' revenue streams through customer referral programs. In: *Journal of Marketing* 77 (4), S. 17–32.

Garnefeld, Ina; Helm, Sabrina; Eggert, Andreas (2011): Walk your talk: An experimental investigation of the relationship between word of mouth ad communicators' loyalty. In: *Journal of Service Research* 14 (1), S. 93–107.

Garnefeld, Ina; Krah, Tabea; Böhm, Eva; Gremler, Dwayne D. (2021): Online reviews generated through product testing: Can more favorable reviews be enticed with free products? In: *Journal of the Academy of Marketing Science* 49 (4), S. 703–722.

Garms-Homolová, Vjenka (2021): Sozialpsychologie der Informationsverarbeitung über das Selbst und die Mitmenschen – Selbstkonzept, Attributionstheorien, Stereotype & Vorurteile, Berlin: Springer.

Ge, Xin; Messinger, Paul R.; Li, Jin (2009): Influence of soldout products on consumer choice. In: *Journal of Retailing* 85 (3), S. 274–287.

Gedenk, Karen (2009): Verkaufsförderung. In: Manfred Bruhn, Franz-Rudolf Esch und Tobias Langner (Hg.): Handbuch Kommunikation. Grundlagen – Innovative Ansätze – Praktische Umsetzungen. Wiesbaden: Gabler, S. 267–283.

Gedenk, Karen (1999): Die Wirkungen von Warenproben. In: *Zeitschrift für Betriebswirtschaft* (2/99), S. 89–110.

Gedenk, Karen; Neslin, Scott A. (1999): The role of retail promotion in determining future brand loyalty: Its effect on purchase event feedback. In: *Journal of Retailing* 75 (4), S. 433–459.

Gilliland, Stephen W. (1993): The perceived fairness of selection systems: An organizational justice perspective. In: *Academy of Management Review* 18 (4), S. 694–734.

Gilliland, Stephen W.; Groth, Markus; Baker IV, Robert C; Dew, Angela F.; Polly, Lisa M.; Langdon, Jay C. (2001): Improving applicants' reactions to rejection letters: An application of fairness theory. In: *Personnel Psychology* 54 (3), S. 669–703.

Gläser, Jochen; Laudel, Grit (2010): Experteninterviews und qualitative Inhaltsanalyse als Instrumente rekonstruierender Untersuchungen. 4. Aufl. Wiesbaden: VS Verlag.

Gnambs, Timo; Batinic, Bernad (2011): Qualitative Online-Forschung. In: Gabriele Naderer und Eva Balzer (Hg.): Qualitative Marktforschung in Theorie und Praxis. Grundlagen – Methoden – Anwendungen. 2. Aufl. Wiesbaden: Gabler Springer, S. 385–404.

Gonzaga, Gian C.; Keltner, Dacher; Londahl, Esme A.; Smith, Michael D. (2001): Love and the commitment problem in romantic relations and friendship. In: *Journal of Personality and Social Psychology* 81 (2), S. 247–262.

Gopinath, Mahesh; Nyer, Prashanth U. (2009): The effect of public commitment on resistance to persuasion: The influence of attitude certainty, issue importance, susceptibility to normative influence, preference for consistency and source proximity. In: *International Journal of Research in Marketing* 26(1), S. 60–68

Groeger, Lars; Buttle, Francis (2014): Word-of-mouth marketing: Towards an improved understanding of multi-generational campaign reach. In: *European Journal of Marketing* 48 (7/8), S. 1 186–1 208.

Haenlein, Michael; Libai, Barak (2013): Targeting revenue leaders for a new product. In: *Journal of Marketing* 77 (3), S. 65–80.

Haenlein, Michael; Libai, Barak (2017): Seeding, referral, and recommendation: Creating profitable word-of-mouth programs. In: *California Management Review* 59 (2), S. 68–91.

Hamilton, Rebecca; Thompson, Debora; Bone, Sterlin; Chaplin, Lan Nguyen; Griskevicus, Vladas; Goldsmith, Kelly; Hill, Ronald; John, Deborah Roedder; Mittal, Chiraag; O'Guinn, Tomas; Piff, Paul; Roux, Caroline; Shah, Anuj; Zhu, Meng (2019): The effects of scarcity on consumer decision journeys. In: *Jounral of the Academy of Marketing Science* 47, S. 532–550.

Han, Yanqing; Zhang, Zongming (2018): Impact of free sampling on product diffusion based on Bass model. In: *Electronic Commerce Research* 18 (1), S. 125–141.

Harmeling, Colleen M.; Palmatier, Robert W.; Houston, Mark B.; Arnold, Mark J.; Samaha, Stephen A. (2015): Transformational relationship events. In: *Journal of Marketing* 79 (5), S. 39–62.

Hausknecht, John P.; Day, David V.; Thomas, Scott C. (2004): Applicant reactions to selection procedures: An updated model and meta-analysis. In: *Personnel Psychology* 57(3), S. 639–683.

Hayes, Andrew F. (2018): Introduction to mediation, moderation and conditional process analysis. A regression-based approach. 2. Aufl. New York: The Guilford Press.

Heckman, James J.; Ichimura, Hidehiko; Todd, Petra E. (1997): Matching as an econometric evaluation estimator: Evidence from evaluating a job training programme. In: *The Review of Economic Studies* 64 (4), S. 605–654.

Heider, F. (1958): The psychology of interpersonal relations, New York: John Wiley & Sons.

Heiman, Amir; McWilliams, Bruce; Shen, Zhihua; Zilberman, David (2001): Learning and forgetting: Modeling optimal product sampling over time. In: *Management Science* 47 (4), S. 532–546.

Helm, Roland; Hegenbart, Thomas; Endres, Herbert (2013): Explaining costumer reactions to real stockouts. In: *Review of Managerial Science* 7 (3), S. 223–246.

Henseler, Jörg; Fassott, Georg (2010): Testing moderating effects in PLS path models: An illustration of available procedures. In: Vincenzo Esposito Vinzi, Wynne W. Chin, Jörg Henseler und Huiwen Wang (Hg.): Handbook of partial least squares. Concepts, methods and applications. Berlin Heidelberg: Springer, S. 713–735.

Hinz, Oliver; Skiera, Bernd; Barrot, Christian; Becker, Jan U. (2011): Seeding strategies for viral marketing: An empirical comparison. In: *Journal of Marketing* 75 (6), S. 55–71.

Hirano, Keisuke; Imbens, Guido W.; Ridder, Geert (2003): Efficient estimation of average treatment effects using the estimated propensity score. In: *Econometrica* 71 (4), S. 1 161–1 189.

Homburg, Christian; Giering, Annette (1996): Konzeptualisierung und Operationalisierung komplexer Konstrukte. Ein Leitfaden für die Marketingforschung. In: *Marketing ZFP* 18 (1), S. 5–24.

Horvath, Michael; Ryan, Ann Marie; Stierwalt, Sandra L. (2000): The influence of explanations for selection test use, outcome favorability, and self-efficacy on test-taker perceptions. In: *Organizational Behavior and Human Decision Processes* 83 (2), S. 310–330.

Howard, Daniel J. (1990): The influence of verbal responses to common greetings on compliance behavior: The foot-in-the-mouth effect. In: *Journal of Applied Social Psychology* 20 (14), S. 1 185–1 196.

Hu, Nan; Liu, Ling; Bose, Indranil; Shen, Jialie (2010): Does sampling influence customers in online retailing of digital music? In: *Information Systems and E-Business Management* 8 (4), S. 357–377.

Hu, Zhineng; Pei, Yurong; Xie, Ruikun (2014): Analysis of product sampling for new product diffusion incorporating multiple-unit ownership. In: *Hindawi Publishing Corporation*, S. 1–10.

Huang, Qingyi; Nijs, Vincent R.; Hansen, Karsten; Anderson, Eric T. (2012): Wal-Mart's Impact on Supplier Profits. In: *Journal of Marketing Research* 49 (2), S. 131–143.

Hulland, John (1999): Use of partial least squares (PLS) in strategic management research: A review of four recent studies. In: *Strategic Management Journal* 20 (2), S. 195–204.

Jain, Dipak; Mahajan, Vijay; Muller, Eitan (1995): An approach for determining optimal product sampling for the diffusion of a new product. In: *Journal of Product Innovation Management: An International Publication of the Product Development & Management Association* 12 (2), S. 124–135.

Janakiraman, Ramkumar; Lim, Joon Ho; Rishika, Rishika (2018): The effect of a data breach announcement on customer behaviour: Evidence from a multichannel retailer. In: *Journal of Marketing* 82 (2), S. 85–105.

Jayachandran, Satish; Hewett, Kelly; Kaufman, Peter (2004): Customer response capability in a sense-and-respond era: The role of customer knowledge process. In: *Journal of the Academy of Marketing Science* 32 (3), S. 219–233.

Jones, Edward E.; Davis, Keith (1965): From acts to dispositions: The attribution process in person perception. In: *Advances in experimental social psychology* (2), New York, S. 219–266.

Kalra, Ajay; Shi¸ Mengze (2010): Consumer value-maximizing sweepstakes and contests. In: *Journal of Marketing Research* 47 (2), S. 287–300.

Kelley, Harold H. (1973): The processes of causal attribution. In: *American Psychologist* 28 (2), S. 107–128.

Kim, Eunsoo; Ding, MengQi (Annie); Wang, Xin (Shane); Lu, Shijie (2023): Does Topic Consistency Matter? A Study of Critic and User Reviews in the Movie Industry.In: *Journal of Marketing* 87(3), S. 428–450.

Kirmani, Amna (1997): Advertising repetition as a signal of quality: If it's advertised so much, something must be wrong. In: *Journal of Advertising* 26 (3), S. 77–86.

Klandt, Heinz; Heidenreich, Sven (2017): Empirische Forschungsmethoden in der Betriebswirtschaftslehre: Von der Forschungsfrage zum Untersuchungsdesign, eine Einführung, Berlin, Boston: De Gruyter Oldenbourg.

Ko, Hanjun; Cho, Chang-Hoan; Roberts, Marilyn S. (2005): Internet uses and gratifications: A structural equation model of interactive advertising. In: *Journal of Advertising* 34 (2), S. 57–70.

Koschate, Nicole (2008): Experimentelle Marktforschung. In: Andreas Herrmann, Christian Homburg und Martin Klarmann (Hg.): Handbuch Marktforschung. Methoden – Anwendungen – Praxisbeispiele. 3. Aufl. Wiesbaden: Gabler, S. 107–121.

Koschate-Fischer, Nicole; Schandelmeier, Stephen (2014): A guideline for designing experimental studies in marketing research and a critical discussion of selected problem areas. In: *Journal of Business Economics* 84 (6), S. 793–826.

Koslow, Scott (2000): Can the Truth Hurt? How Honest and Persuasive Advertising Can Unintentionally Lead to Increased Consumer Skepticism. In: *The Journal of Consumer Affairs* 34 (2), S. 245–267.

Kreis, Henning; Wildner, Raimund; Kuß, Alfred (2021): Marktforschung – Datenerhebung und Datenanalyse, 7. Aufl., Wiesbaden: Springer.

Kuckartz, Udo (2014): Mixed Methods. Methodologie, Forschungsdesigns und Analyseverfahren. Wiesbaden: Springer VS.

Kumar, Ashish; Bezawada, Ram; Rishika, Rishika; Janakiraman, Ramkumar; Kannan, P.K. (2016): From social to sale: The effects of firm-generated content in social media on customer behavior. In: *Journal of Marketing* 80 (1), S. 7–25.

Kumar, Vita; Aksoy, Lerzan; Donkers, Bas; Venkatesan, Rajkumar; Wiesel, Thorsten; Tillmanns, Sebastian (2010): Undervalued or Overvalued Customers: Capturing Total Customer Engagement Value. In: Journal of Service Research 13(3), S. 297–310.

Kuckartz, U. (2016): Qualitative Inhaltsanalyse. Methoden, Praxis, Computerunterstützung, 5. Aufl., Weinheim: Beltz Juventa.

Lamnek, Siegfried; Krell, Claudia (2016): Qualitative Sozialforschung. Mit Online-Material. 6. Aufl. Weinheim, Basel: Beltz Verlag.

Leary, Mark R. (2001): Interpersonal rejection. New York: Oxford University Press.

Leary, Mark R.; Twenge, Jean M.; Quinlivan, Erin (2006): Interpersonal rejection as a determinant of anger and aggression. In: *Personality and Social Psychology Review* 10 (2), S. 111–132.

Leclercq, Thomas; Hammedi, Wafa; Poncin, Ingrid (2018): The boundaries of gamification for engaging customers: Effects of losing a contest in online co-creation communities. In: *Journal of Interactive Marketing* 44 (1), S. 82–101.

Li, Hongshuang; Jain, Sanjay; Kannan, P. K. (2019): Optimal design of free samples for digital products and services. In: *Journal of Marketing Research* 56 (3), S. 419–438.

Libai, Barak; Muller, Eitan; Peres, Renana (2013): Decomposing the value of word-of-mouth seeding programs: Acceleration versus expansion. In: *Journal of Marketing Research* 50 (2), S. 161–176.

Lokhorst, Anne Marike; Werner, Carol; Staats, Henk; van Dijk, Eric; Gale, Jeff L. (2013): Commitment and Behavior Change: A Meta-Analysis and Critical Review of Commitment-Making Strategies in Environmental Research. In: *Environment and Behavior* 45 (1), S. 3–34

Lu, Xianghua; Phang, Chee Wei; Ba, Sulin; Yao, Xinlin (2018): Know who to give: Enhancing the effectiveness of online product sampling. In: *Decision Support Systems* 105, S. 77–86.

Macan, Therese H.; Avedon, Marcia J.; Paese, Matthew; Smith, David E. (1994): The effects of applicants' reactions to cognitive ability tests and an assessment center. In: *Personnel Psychology* 47 (4), S. 715–738.

Marks, Lawrence J.; Kamins, Michael A. (1988): The use of product sampling and advertising: Effects of sequence of exposure and degree of advertising claim exaggeration on consumers' belief strength, belief confidence, and attitudes. In: *Journal of Marketing Research* 25 (3), S. 266–281.

Mayring, Philipp (2023): Einführung in die qualitative Sozialforschung, 7. Aufl., Weinheim Basel: Beltz.

McDonald, Melissa M.; Donnellan, M. Brent (2012): Is ostracism a strong situation? The influence of personality in reactions to rejection. In: *Journal of Research in Personality* 46 (5), S. 614–618.

MediaMarkt (2023): MediaMarkt Produkttester-Community, online verfügbar unter: https://www.mediamarkt.de/de/campaign/testpiloten, zuletzt geprüft am: 04.09.2023.

Mende, Martin; Bolton, Ruth N.; Bitner, Mary Jo (2013): Decoding Customer–Firm Relationships: How Attachment Styles Help Explain Customers' Preferences for Closeness, Repurchase Intentions, and Changes in Relationship Breadth. In: *Journal of Marketing Research* 50(1), S. 125–142.

Mey, Günter; Mruck, Katja (2011): Qualitative Interviews. In: Naderer, Gabriele; Balzer, Vea (Hg.). Qualitative Marktforschung in Theorie und Praxis – Grundlagen – Methoden – Anwendungen, 2. Aufl., Wiesbaden: Springer, S. 257–288.

Moriarty, Thomas (1975): Crime, commitment, and the responsive bystander: Two field experiments. In: *Journal of Personality and Social Psychology* 31 (2), S. 370–376.

Müller, E.; Moser, K. (2006): Reaktionen auf Ablehnungsschreiben an Bewerber: Das Beispiel „Eisschreiben". In: *German Journal of Human Resource Management* 20 (4), S. 343–355.

Muraven, Mark; Tice, Dianne M.; Baumeister, Roy F. (1998): Self-control as limited resource: Regulatory depletion patterns. In: *Journal of Personality and Social Psychology* 74 (3), S. 774–789.

Nejad, Mohammad G.; Amini, Mehdi; Babakus, Emin (2015): Success factors in product seeding: The role of homophily. In: *Journal of Retailing* 91 (1), S. 68–88.

Netemeyer, Richard G.; Maxham III, James G.; Pullig, Chris (2005): Conflicts in the Work-Family Interface: Links to Job Stress, Customer Service Employee Performance, and Customer Purchase Intent, in: *Journal of Marketing* 69 (2), S. 130–143.

Nunnally, Jum C. (1978): Psychometric theory. 2. Aufl., New York: McGraw-Hill.

Oliver, Richard L. (2010): Satisfaction: A behavioral perspective on the consumer, 2. Aufl., New York, Routledge.

Onoda, Keiichi; Okamoto, Yasumasa; Nakashima, Ken'ichiro; Nittono, Hiroshi; Yoshimura, Shinpei; Yamawaki, Sigeto; Yamaguchi, Shuhei; Ura, Mitsuhiro (2010): Does low self-esteem enhance social pain? The relationship between trait self-esteem and anterior cingulate cortex activation induced by ostracism. In: *Social Cognitive and Affective Neuroscience* 5 (4), S. 385–391.

Palan, Stefan; Schitter, Christian (2018): Prolific.ac – A subject pool for online experiments. In: *Journal of Behavioral and Experimental Finance* 17, S. 22–27.

Palmatier, Robert W.; Dant, Rajiv P.; Grewal, Dhruv; Evans, Kenneth R. (2006): Factors influencing the effectiveness of relationship marketing: A meta-analysis. In: *Journal of Marketing* 70 (4), S. 136–153.

Park, Cheol Whee; Macinnis, Deborah J.; Priester, Joseph; Eisingerich, Andreas B.; Iacobucci, Dawn (2010): Brand Attachment and Brand Attitude Strength: Conceptual and Empirical Differentiation of Two Critical Brand Equity Drivers.In: *Journal of Marketing*, 74 (6), S. 1–17.

Parkinson, Brian (2007): Soziale Wahrnehmung und Attribution. In: Wolfgang Stroebe, Klaus Jonas und Miles Hewstone (Hg.): Sozialpsychologie. Eine Einführung. 5. Aufl. Heidelberg: Springer Medizin Verlag, S. 69–109.

Patry, Jean-Luc (1982): Feldforschung: Methoden und Probleme sozialwissenschaftlicher Forschung unter natürlichen Bedingungen, Bern: Huber.

Paul, Karsten; Moser, Klaus (2001): Negatives psychisches Befinden als Wirkung und als Ursache von Arbeitslosigkeit: Ergebnisse einer Metaanalyse. In: Jeannette Zempel, Johann Bacher und Klaus Moser (Hg.): Erwerbslosigkeit. Ursachen, Auswirkungen und Interventionen. Wiesbaden: Springer Fachmedien, S. 83–110.

Peterson, Christopher; Seligman, Martin E. P. (1984): Causal explanations as a risk factor for depression: Theory and evidence. In: *Psychological Review* 91 (3), S. 347–374.

Philips (2023): Philips Produkttester-Community, online verfügbar unter: https://www.philips.de/c-e/produkttester-werden.html, zuletzt geprüft am 04.09.2023.

Piezunka, Henning; Dahlander, Linus (2019): Idea rejected, tie formed: Organizations' feedback on crowdsourced ideas. In: *Academy of Management Journal* 62 (2), S. 503–530.

Ployhart, Robert E.; Ryan, Ann Marie (1997): Toward an explanation of applicant reactions: An examination of organizational justice and attribution frameworks. In: *Organizational Behavior and Human Decision Processes* 72 (3), S. 308–335.

Putrevu, Sanjay; Tan, Joni; Lord, Kenneth R. (2004): Consumer responses to complex advertisements: The moderating role of need for cognition, knowledge, and gender. In: *Journal of Current Issues & Research in Advertising* 26 (1), S. 9–24.

Rafaeli, Anat (1999): Pre-employment screening and applicants' attitudes toward an employment opportunity. In: *The Journal of Social Psychology* 139 (6), S. 700–712.

Rehman, Shafique Ur; Bhatti, Anam; Mohamed, Rapiah; Ayoup, Hazeline (2019): The moderating role of trust and commitment between consumer purchase intention and online shopping behavior in the context of Pakistan. In: Journal of Global Entrepreneurship Research 9(43), S. 1–25.

Reinecke, Sven; Tomczak, Torsten (2006): Handbuch Marketing-Controlling – Effektivität und Effizienz einer marktorientierten Unternehmensführung, 2. Aufl., Gabler.

REWE (2023): REWE Produkttester-Community, online verfügbar unter: https://produkttests.rewe.de/, zuletzt geprüft am: 04.09.2023.

Rishika, Rishika; Kumar, Ashish; Janakiraman, Ramkumar; Bezawada, Ram (2013): The effect of customers' social media participation on customer visit frequency and profitability: An empirical investigation. In: *Information Systems Research* 24 (1), S. 108–127.

Rosenbaum, Paul R.; Rubin, Donald B. (1985): Constructing a control group using multivariate matched sampling methods that incorporate the propensity score. In: *The American Statistician* 39 (1), S. 33–38.

Rubin, Donald B.; Stuart, Elizabeth A. (2006): Affinely invariant matching methods with discriminant mixtures of proportional ellipsoidally symmetric distributions. In: *The Annals of Statistics* 34 (4), S. 1 814–1 826.
Rubin, Donald B.; Thomas, Neal (1996): Matching using estimated propensity scores: Relating theory to practice. In: *Biometrics* 52 (1), S. 249–264.
Rudert, Selma C.; Greifeneder, Rainer (2016): When it's okay that I don't play: Social norms and the situated construal of social exclusion. In: *Personality and Social Psychology Bulletin* 42 (7), S. 955–969.
Rust, Roland T.; Lemon, Katherine N.; Zeithaml, Valarie A. (2004): Return on Marketing: Using Customer Equity to Focus Marketing Strategy. In: *Journal of Marketing* 68(1), S. 109–127
Ryan, Ann Marie; Ployhart, Robert E. (2000): Applicants' perceptions of selection procedures and decisions: A critical review and agenda for the future. In: *Journal of Management* 26 (3), S. 565–606.
Sanchez-Ruiz, Lidia; Blanco, Beatriz; Kyguolienė, Asta (2018): A theoretical overview of the stockout problem in retail: From causes to consequences. In: *Management of Organizations: Systematic Research* 79 (1), S. 103–116.
Sautmann, Stefan (2016): Mundpropaganda 2.0. Wie Unternehmen die „Macht des Empfehlens" als Geschäftsmodelle etablieren. In: *Zeitschrift Führung + Organisation* 85 (3), S. 174–179.
Schlereth, Christian; Barrot, Christian; Skiera, Bernd; Takac, Carsten (2013): Optimal product-sampling strategies in social networks: How many and whom to target? In: *International Journal of Electronic Commerce* 18 (1), S. 45–72.
Schnell, Rainer; Hill, Paul B.; Esser, Elke (2011): Methoden der empirischen Sozialforschung. 9. Aufl., München: Oldenbourg.
Shapiro, Debra L.; Buttner, E. Holly; Barry, Bruce (1994): Explanations: What factors enhance their perceived adequacy? In: *Organizational Behavior and Human Decision Processes* 58 (3), S. 346–368.
Sherman, Steven J. (1980): On the self-erasing nature of errors of prediction. In: *Journal of Personality and Social Psychology* 39 (2), S. 211–221.
Silverman, Bernard W. (1986): Density estimation for statistics and data analysis. London: Chapman and Hall.
Smith, Robert E.; Swinyard, William R. (1983): Attitude-behavior consistency: The impact of product trial versus advertising. In: *Journal of Marketing Research* 20 (3), S. 257–267.
Smither, James W.; Reilly, Richard R.; Millsap, Roger E.; Pearlman, Kenneth; Stoffey, Ronald W. (1993): Applicant reactions to selection procedures. In: *Personnel Psychology* 46 (1), S. 49–76.
Sprott, David E.; Shimp, Terence A. (2004): Using product sampling to augment the perceived quality of store brands. In: *Journal of Retailing* 80 (4), S. 305–315.
Staples-Otis, Laura (2022). Product sampling marketing: When, why, and how to do it, The Bazaar Voice, online verfügbar unter: https://www.bazaarvoice.com/blog/product-sampling-marketing/, zuletzt geprüft am: 04.09.2023.
Steinhoff, Lena (2014): Loyalitätswirkung des geschenkten bevorzugten Kundenstatus. Eine theoretische und empirisch-experimentelle Analyse. Wiesbaden: Springer Gabler.

Steinhoff, Lena; Palmatier, Robert W. (2016): Understanding loyalty program effectiveness: Managing target and bystander effects. In: *Journal of the Academy of Marketing Science* 44, S. 88–107.

Strauss, Anselm L. (1998): Grundlagen qualitativer Sozialforschung. Datenanalyse und Theoriebil-dung in der empirischen soziologischen Forschung (2. Aufl.). München: Wilhelm Fink Verlag.

Stroebe, Wolfgang; Jonas, Klaus; Hewstone, Miles (2003): Sozialpsychologie: Eine Einführung. 4. Aufl. Berlin Heidelberg: Springer.

Stuart, Elizabeth A. (2010): Matching methods for causal inference: A review and a look forward. In: *Statistical Science* 25 (1), S. 1–21.

Suh, Jung-Chae; Yi, Youjae (2006): When brand attitudes affect the customer satisfaction-loyalty relation: The moderating role of product involvement. In: *Journal of Consumer Psychology* 16 (2), S. 145–155.

Suri, Rajneesh; Kohli, Chiranjeev; Monroe, Kent. B. (2007): The effects of perceived scarcity on consumers' processing of price information. In: *Journal of the Academy of Marketing Science* 35*(1)*, S. 89–100

Tokman, Mert; Davis, Lenita M.; Lemon, Katherine N. (2007): The wow factor: Creating value through win-back offers to reacquire lost customers. In: *Journal of Retailing* 83 (1), S. 47–64.

trnd (2023): Ablauf Produkttests – online verfügbar unter: https://www.trnd.com/de/, zuletzt geprüft am: 02.09.2023.

Urbany, Joel E.; Dickson, Peter R.; Wilkie, William L. (1989): Buyer Uncertainty and Information Search. In: *Journal of Consumer Research*, 16(2), S. 208–215.

Walker, H. Jack; Helmut, Catherine A.; Field, Hubert S.; Bauer, Talya N. (2015): Watch what you say: Job applicants' justice perceptions from initial organizational correspondence. In: *Human Resource Management, 54*(6), S. 999–1 011.

Wang, Ting; Oh, Lih-Bin; Wang, Kanliang; Yuan, Yufei (2013): User adoption and purchasing intention after free trial: an empirical study of mobile newspapers. In: *Information Systems and E-Business Management* 11 (2), S. 189–210.

Wangenheim, Florian v.; Bayón, Tomás (2007): Behavioral consequences of overbooking service capacity. In: *Journal of Marketing* 71 (4), S. 36–47.

Ward, James C.; Hill, Ronald P.; Gardner, Meryl P. (1988): Promotional games: The effects of participation on mood, attitude, and information processing. In: *Advances in Consumer Research* 15 (1), S. 135–140.

Ward, James C.; Hill, Ronald P. (1991): Designing effective promotional games: Opportunities and problems. In: *Journal of Advertising* 20 (3), S. 69–81.

Weiner, Bernard (1979): A theory of motivation for some classroom experiences. In: *Journal of Educational Psychology* 71 (1), S. 3–25.

Weiner, Bernard (1985): An attributional theory of achievement motivation and emotion. In: *Psychological Review* 92 (4), S. 548–573.

Weiner, Bernard (1986): An attributional theory of motivation and emotion, New York: Springer-Verlag.

Wesselmann, Eric D.; Wirth, James H.; Mroczek, Daniel K.; Williams, Kipling D. (2012): Dial a feeling: Detecting moderation of affect decline during ostracism. In: *Personality and Individual Differences* 53 (5), S. 580–586.

Wesselmann, Eric D.; Williams, Kipling D. (2017): Social life and social death: Inclusion, ostracism, and rejection in groups. In: *Group Processes & Intergroup Relations* 20 (5), S. 693–706.

Williams, Kipling D.; Sommer, Kristin L. (1997): Social ostracism by coworkers: Does rejection lead to loafing or compensation? In: *Personality and Social Psychology Bulletin* 23 (7), S. 693–706.

Williams, Kipling D.; Cheung, Christopher K. T.; Choi, Wilma (2000): Cyberostracism: Effects of being ignored over the internet. In: *Journal of Personality and Social Psychology* 79 (5), S. 748–762.

Williams, Kipling D. (2001): Ostracism: The power of silence. New York: Guilford.

Williams, Kipling D.; Zadro, Lisa (2001): Ostracism: On being ignorde, excluded, and rejected. In: Leary, Mark R. (Hg.): Interpersonal rejection, New York: Oxford University Press, S. 21–54.

Wirth, James H.; Lynam, Donald R.; Williams, Kipling D. (2010): When social pain is not automatic: Personality disorder traits buffer ostracism's immediate negative impact. In: *Journal of Research in Personality* 44 (3), S. 397–401.

Wright, Alice A.; Lynch Jr, John G. (1995): Communication effects of advertising versus direct experience when both search and experience attributes are present. In: *Journal of Consumer Research* 21 (4), S. 708–718.

Wu, Lingli; Deng, Shiming; Jiang, Xuan (2018): Sampling and pricing strategy under competition. In: *Omega* 80, S. 192–208.

Yao, Xinlin; Lu, Xianghua; Phang, Chee Wei; Huang, Lihua; Ba, Sulin (2014): Administering and capitalizing on product sampling in an online context. In: *Pacific Asia Conference on Information Systems (PACIS) Proceedings*, S. 1–14.

Yao, Xinlin; Lu, Xianghua; Phang, Chee Wei; Ba, Sulin (2017): Dynamic sales impacts of online physical product sampling. In: *Information & Management* 54 (5), S. 599–612.

Yi, Youjae; Jeon, Hoseong (2003): Effects of loyalty programs on value perception, program loyalty, and brand loyalty. In: *Journal of the Academy of Marketing Science* 31 (3), S. 229–240.

Zhang, Ying; Goh, Khim-Yong; Lin, Zhijie (2017): Investigating the sales spillover effects of online product sampling in e-commerce. In: *ICIS 2017 Proceedings*, S. 1–12.

Zhou, Wenqi; Duan, Wenjing (2015): An empirical study of how third-party websites influence the feedback mechanism between online word-of-mouth and retail sales. In: *Decision Support Systems* 76, S. 14–23.

Printed in the USA
CPSIA information can be obtained
at www.ICGtesting.com
CBHW060831060824
12688CB00010B/141

9 783658 453824